15天打造爆品
15TIAN DAZAO BAOPIN

企业和商家的产品运营手册
创业者从0到1打造爆品的案头书

15天打造爆品

李世化 ◎ 著

中国商业出版社

图书在版编目（CIP）数据

15天打造爆品/李世化著.—北京：中国商业出版社，2017.6

ISBN 978-7-5044-9935-6

Ⅰ.①1… Ⅱ.①李… Ⅲ.①网络营销 Ⅳ.①F713.365.2

中国版本图书馆CIP数据核字(2017)第146456号

责任编辑：唐伟荣

中国商业出版社出版发行
010-63180647　www.c-cbook.com
(100053　北京广安门内报国寺1号)
新华书店经销
北京时捷印刷有限公司印刷
*
710×1000毫米　1/16　17.5印张　230千字
2017年7月第1版　2017年7月第1次印刷
定价：48.00元

*　*　*

（如有印装质量问题可更换）

前 言
PREFACE

如今,纵观所有的企业,无不希望通过一款引爆市场的产品成为行业的领军者,以爆品打天下。

谈起爆品营销,最早是由福特汽车公司为了销售一款T型车而思考出来的以单品引爆市场的方法。

福特汽车公司在此之前共生产了八款汽车,分别是A型车、B型车、C型车、F型车、N型车、R型车、S型车和K型车。这些车型当时在市场上非常畅销,福特汽车因此赚了个杯满盆满。而就在一切风生水起的时候,福特却突然决定只生产一款汽车,这着实让公司人员大惑不解。甚至有些人开始预测,福特公司即将倒闭,最多撑不过6个月,还有人预言福特公司最终逃不掉破产的命运。

面对外界的各种不理解和致命打击,福特创始人亨利·福特仍坚持心中所想,坚持要打造一款引爆市场的单品,他认为应当制造一款可永久使用、可永久升级、永远不会过时的车型,即以后无论对它进行任何改进,都能确保其零部件可以更换。他说:"我要使每辆车甚至每件非耗材产品都牢固耐用、质量过硬,确保顾客不用再买第二件。"

福特的愿望得到了实现,T型车面世后在市场上独领风骚,其销量超过了其他任何一家汽车商的任何一款车，而且订单与日俱增，福特实施的单品思维获得了巨大的成功。

如今，福特的"爆品战略"已经被用到了各个行业、各个领域，就连电影公司，每年也会对自己的产品进行爆品的全方位打造。现在的移动互联网时代让越来越多的企业发现，如果没有一款爆品，企业在互联网模式的疯狂厮杀中，一定会很快败下阵来。这就是移动互联网的残酷性，和如今不得不打造爆品的缘由。

除此之外，企业会想尽一切办法去打造爆品的原因还有以下两点：

首先，一个引爆市场的产品能让企业获得百倍、千倍的利润，带来非凡的营销效果。

其次，高销量、高人气的产品，能提升企业的品牌形象，给企业带来高曝光率。

当然，打造爆品给企业带来的好处绝非只有这两点，而这两点却是企业想要打造爆品的核心点。虽然打造爆品可以给企业带来丰厚的利润，但事实上，爆品并不是那么容易打造的，这其中要学习的东西有很多。这不仅需要企业花费时间和精力，更需要企业懂得打造爆品的技巧和策略。

打造爆品首先得有爆品思维和爆品战略，是用一套思维方式去重新定位你的产品、认识你的经营模式、完善你的体系。除此之外，还要懂得爆品的运营技巧和传播方法，能够让消费者参与进来并形成品牌记忆和促进购买欲望。当然，最后还得知道如何进行爆品推广和爆品营销。

现如今，几乎98%的企业是不知道如何去打造一款爆品的，更谈不上爆品思维及爆品战略。所以，本书就从爆品思维及爆品战略说起，让大家掌握全方位打造爆品的方法。

说到这里,我们需要提醒大家的是,书中例举的爆品并不是可以轻易模仿的对象,模仿和"山寨"从来都不会赢得市场,更别说引爆市场了。所以,本书是教给企业打造爆品的方法和策略,而不只是告诉你一种"爆品思维"。

这是一本能在15天内帮助企业迅速打造爆品的实战指南。从爆品思维、爆品战略、爆品运营、爆品传播、爆品推广和爆品营销全方位讲解打造爆品的方法、技巧,以及在此过程中可能遇到的陷阱和误区。

市面上有关爆品的书籍很多,但大多数都比较注重理论知识的讲授,关于实际操略的书籍却乏善可陈,而恰好这些正是企业迫切需要的。古人云:"授人以鱼,不如授人以渔。"这就是本书的目的——通过阅读本书,让企业真正学会打造爆品,获得"捕鱼"的本领。

你想抓住商机吗?你想订单十倍增长吗?你想把公司做大吗?那就快速启动爆品打造模式吧!利用15天时间打造爆品,让爆品助你快速腾飞!

目录 CONTENTS

第1篇 爆品思维与爆品战略

第1章 入门——何为"爆品" 003
- 互联网时代，什么才是真正意义上的爆品 004
- 爆品的五大特点 007
- 打造爆品是一种聚集思维模式 011
- 制定爆品战略的四大原则 017
- 打造爆品的三大注意事项 019

第2章 定位——如何定位才能成为爆品 025
- 什么是爆品定位 026
- 爆品定位包含的五个内容 028
- 爆品定位的七大原则 030
- 爆品定位最基本的着眼点——从产品角度进行定位 037
- 爆品定位的一个重要方面——从目标消费者的角度开发 040
- 从爆品竞争的角度挖掘定位点 043
- 从品牌识别与品牌主张的角度挖掘定位点 044
- 爆品定位的步骤 047

第3章 卖点——爆品的卖点如何提炼 055
- 什么是爆品的卖点 056

提炼爆品卖点的四个要点…………………………………………058
爆品差异化卖点的提炼…………………………………………061
产品组合带来盈利………………………………………………065

第4章 痛点——做爆品如何找到用户的痛点……………073
什么是用户的痛点………………………………………………074
用户痛点的界定和基本原则……………………………………076
在百度热搜中找痛点……………………………………………078
在用户评论中找痛点……………………………………………080
UCD法：找痛点的秘密武器……………………………………082
找风口：站在风口，猪也能飞起来……………………………086
找痛点的最关键行动法则：找一级痛点………………………091

第5章 尖叫点——如何制造爆品的尖叫点………………099
什么是爆品的尖叫点……………………………………………100
利用流量产品制造尖叫点………………………………………101
打造产品口碑来制造尖叫点……………………………………105
将产品快速迭代来制造尖叫点…………………………………113

第2篇 爆品运营与爆品传播

第6章 爆品运营——如何让爆品在市场上建立竞争壁垒………117
什么是爆品运营…………………………………………………118
爆品运营的核心…………………………………………………119
爆品运营的主要内容……………………………………………121
如何做好内容运营………………………………………………129
如何做好用户运营………………………………………………134

如何做好活动运营······140

第7章 爆品传播——如何让爆品疯传······147
移动互联网时代，爆品传播的三个法则······148
让爆品疯狂传播的三条路径······150
上头条，占据头条——打造爆品最直接的方式······154
网络营销炒作——打造爆品最有效的手段······157
爆品传播需要把握时间点······160
组织粉丝接力刷爆热点······162
传播过程中，如何应对对爆品不利的谣言······165
爆品传播禁忌：不要为博眼球而丢节操······169

第3篇 爆品推广与爆品营销

第8章 爆品推广——如何引爆流量、抢夺消费者······173
微信：性价比高的爆品推广方式······174
微博：爆品推广的主战场······176
论坛：效果最好的爆品推广方式······181
网红直播推广：目前最火的推广方式······186

第9章 口碑营销——爆品极速传播的技巧······189
没有口碑的产品不可能称之为爆品······190
口碑产生的根源是超越预期······193
爆品进行口碑营销的三大核心技巧······198
爆品进行口碑营销必须具备的四大要素······202
如何创造传播内容——制造引爆点······204
如何选择传播人群——找到意见领袖······207

如何深入扩大传播效果——全员参与显成效 ·············· 210
如何引导和监控效果——热度是这样炼成的 ·············· 212

第10章 粉丝营销——如何让粉丝成为爆品的免费推销员 ······ 215

爆品最正确的营销方式就是粉丝营销 ·························· 216
你的粉丝是谁——分析粉丝的特征 ··························· 219
你的粉丝需要什么——对粉丝需求进行精准分析 ··············· 221
将用户转化成粉丝，并提高用户的忠诚度 ····················· 224
与粉丝对话的三个禁忌 ····································· 226
想方设法留住粉丝 ··· 230
社群营销——爆品粉丝营销最重要的营销方式 ················· 233
让你的粉丝够饥饿 ··· 239

第11章 内容营销——没有内容，你拿什么做爆品营销 ········ 245

内容营销的五种类型 ······································· 246
爆品软文内容的撰写和推广 ································· 247
爆品内容营销最重要的事——写新闻稿 ······················· 252
什么样的内容能引爆产品 ··································· 255
如何持续不断地进行内容输出 ······························· 258
用产品思维来进行内容的生产 ······························· 261

后记　未来爆品面临的挑战 ·································· 265

第1篇　爆品思维与爆品战略

爆品原来是淘宝店主们发明的营销利器，后来逐渐发展成为一种思维和战略。2017年，爆品正在成为互联网时代的"通行证"。所以，企业必须重视现今的生存法则——集中资源打造爆品，抢占市场。

第 1 章
入门——何为"爆品"

爆品就是在消费者中引起强烈反响的产品,可能是一个系列,也可能是一个单品。互联网时代,对爆品的定义提出了新的诠释。它不仅要求具备五大特点、拥有五种爆品模式,同时还要制定爆品战略。

互联网时代，什么才是真正意义上的爆品

2016年，在一个培训课上，有一位企业家发出感叹说："我真希望自己的产品能够像小米手机一样引爆。"他的话引起了在场所有企业家的共鸣。当下的企业，几乎谁都想做出爆品，谁都想成为下一个苹果、下一个阿里巴巴。

然而，很多企业虽然想打造爆品，但它们却不知道什么才是真正的爆品。

在新浪网上，曾经有过这样一个调查：你所理解的爆品是什么？

对于这个问题，绝大多数人的回答是产品或是畅销品，也有一些人认为，企业或品牌本身也是爆品。虽然大家都对爆品表现了前所未有的关注，但从这些回答中，我们却很难找到一个较为准确的答案。

那么，到底什么才是真正意义上的爆品呢？

其实，爆品就是在消费者中引起强烈反响的产品，可能是一个系列，也可能是一个单品。比方说，一件衣服上线十分钟就被抢购一空，这就叫爆品；一款产品一年时间卖出几十个亿，这也是爆品。但这个爆品只是传统工业时代的定义。在如今的互联网时代，只有拥有下面三个关键因素才能称得上真正的爆品。

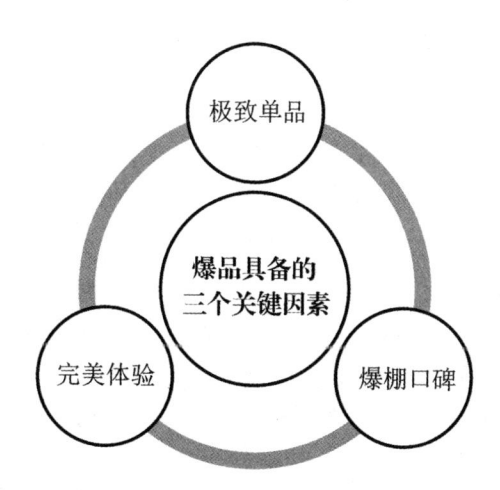

```
       极致单品
          ○
   ╱           ╲
  ○  爆品具备的  ○
完美体验 三个关键因素 爆棚口碑
```

为了便于大家真正理解爆品，下面我们将对这三个关键因素一一地进行讲解。

◎ 把单品做到极致

传统工业时代的生产方式很难把单一的产品做成规模，但是互联网时代就不一样了。互联网时代的渠道很多，只要肯下功夫，把一款产品做成爆品，把一个卖点做到极致，一定能在市场上打出一片天。比如，"Snapchat"的阅后即焚功能，他们就把这一功能做到了极致，不仅是内容，甚至广告都可以阅后即焚。它的估值已经达到190亿美元。

◎ 用户口碑要爆棚

传统行业把产品销出去，主要是靠广告开辟销售渠道，这种方式不好复制。而互联网时代想把产品做大就必须重视用户的口碑。用户口碑很容易引起连锁反应，一传十、十传百，口口相传，很快产品销售就引爆了。

说到这里，我们一起来看一下传统的销售模式和互联网时代的对比图：

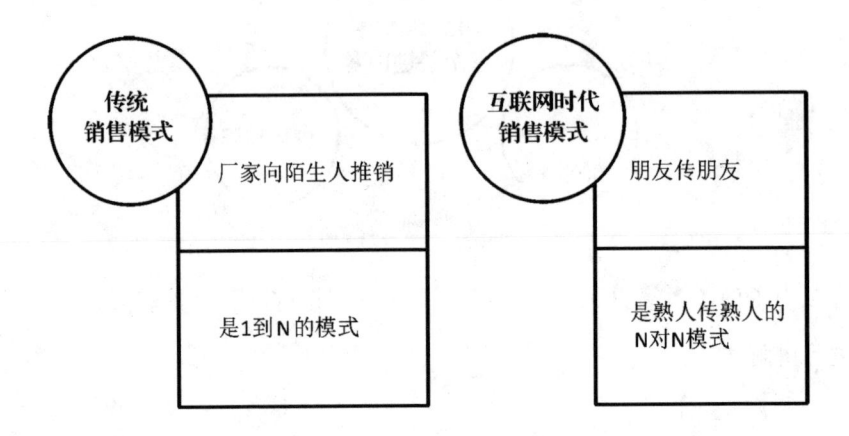

传统销售模式	互联网时代销售模式
厂家向陌生人推销	朋友传朋友
是1到N的模式	是熟人传熟人的N对N模式

从上图中我们可以清晰地看出，互联网时代的销售模式取胜的关键是：能否产生爆炸级的口碑效应。

◎ 用户体验要完美

传统工业时代拼的是产品价格，但是互联网时代，产品的用户体验很重要，也就是说要找到用户的应用点，而不是聚焦于功能点。

举个很简单的例子，四川省的辣椒酱产业遍地开花，大多数都是说自己的产品原料优、生产净、味道好，这就是在强调产品的功能。但有一个辣椒酱的牌子叫"饭扫光"，直击用户的体验，就是让用户吃饭有胃口，一扫而光，这就叫应用驱动。

爆品的五大特点

在上一节里,我们向大家介绍了互联时代爆品的真正定义,但要想打造爆品,绝对不是简简单单的定义,我们需要从全方位去了解它。下面,我们先来了解一下爆品的特点。

总结起来,爆品主要有以下五大特点:

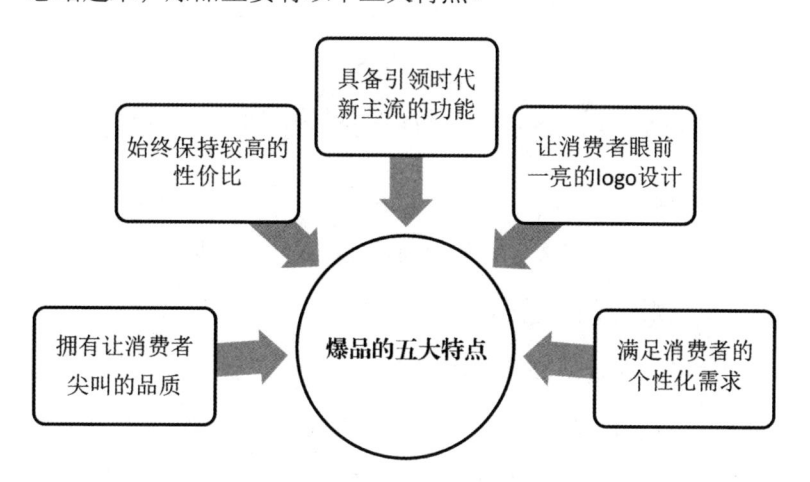

爆品的五大特点:
- 始终保持较高的性价比
- 具备引领时代新主流的功能
- 让消费者眼前一亮的logo设计
- 满足消费者的个性化需求
- 拥有让消费者尖叫的品质

◎ 拥有让消费者尖叫的品质

爆品一定是经过极致的打造、用心的雕琢、贴心的构思后形成的产品。一款爆品,会让90%以上的消费者为之尖叫、为之惊叹、为之折服。

宜家家居在消费者心中的地位和代名词就是:设计精巧、上乘品质、优质服务。宜家的毕利书柜、萨克斯柜子可以说是经典的爆品制作,其优异的产品品质得到了广大消费者的认可。

宜家是最早启用爆品思维的发明者和践行者,他们在设计研发每一款新产品时,都会邀请世界级的设计大师参与设计,生产制作更是采用精工细作的方法,成功打造了一个又一个享有盛名的宜家爆品,长期在家居行业保持着佼佼者的地位。

◎ 始终保持较高的性价比

爆品除了品质优良,其性价比也有绝对优势,否则也成不了爆品。所谓性价比,是性能与价格之间的比例关系,即:

$$性能 \div 价格 = 性价比$$

从这个公式中不难看出,性能品质越高、价格越低,则产品的性价比越高,反之则性价比越低。

作为爆品,在好的品质前提下,价格的选定会影响性价比高低。一般情况下,爆品售价应该比平均客单价略低,在保障爆品利润空间的前提下,以容易打动消费者的价格取得消费者的认可,抢占市场。

◎ 具备引领时代新主流的功能

随着时代的发展和人们生活品质的提高,消费者的消费需求也发生了本质的升级和转变,即从基本需求转向了个性化需求。当爆品的出现改变了人们的生活方式和消费观念,它就具备了引领时代新主流的功能。

所谓时代新主流,就是指以前没有被人们所认识,以后会成为每个人生活标准必备的产品，这种爆品在产品功能上更能够满足大众的需求，并引领这个时代的消费者进入新的社会主流。

荣昌公司推出了一款互联网洗衣产品——e袋洗。这款产品的推出，彻底改变了传统洗衣行业的运营模式。传统的洗衣店一般是消费者自己送件到店内，衣服种类不同收费计价也不同，而且不接收内衣袜子等小件。

而"e袋洗"却将洗衣服务标准化，推出了前所未有的新型服务模式。

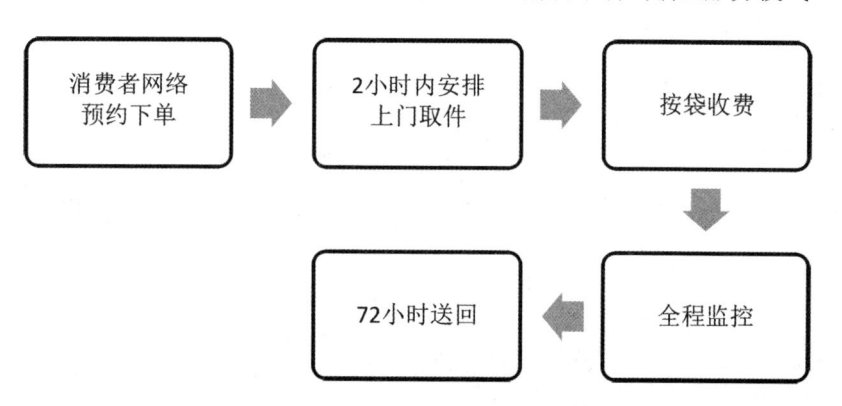

消费者网络预约下单 → 2小时内安排上门取件 → 按袋收费 → 全程监控 → 72小时送回

消费者可通过微信、APP预约上门取件时间，"e袋洗"会在2小时内安排专人上门取件。取件时，消费者只需要将待洗衣物装进指定的洗衣袋里，不管衣物的多少，清洗费用统一按每袋99元收取，取送人员当场将装满衣物的袋子封好。待送回清洗中心后，在全程高清视频监控下拆封，洗前进行检查和分类，再经过清洗、熨烫等步骤，最后保证在72小时内送回到消费者手中。

"e袋洗"的爆品思维，打破了传统的洗衣理念，为用户提供了一种全新概念的洗衣新潮流。足不出户就可通过移动终端下单，按袋计费，衣服品类不受限，更有全天候上门取件和送达服务，这些都是以往洗衣行业没出现过的新形式。

对于那些原本嫌到传统洗衣店送件取件手续繁琐、没有充裕时间的消费者,在这种新型洗衣爆品服务下,大大地节省了时间和金钱。

◎ 让消费者眼前一亮的logo设计

一个醒目的、让人过目不忘的品牌logo可以让爆品品质视觉化。作为爆品一定要引入形象设计的概念,使品牌logo成为产品设计的一部分,让消费者看见就眼前一亮。

最典型的例子莫过于苹果手机,那被咬掉一口的苹果标志,在手机品牌里一直拥有最高的辨识度。还有全球著名的运动品牌NIKE商标,那个小钩子图案,造型简洁而有力,成为许多消费者钟爱和喜欢的品牌符号。

◎ 满足消费者的个性化需求

随着互联网及全球经济一体化的发展,消费市场上各种新奇产品不断推陈出新,消费者的个性化需求也越来越强烈。如何通过设计产品来引发消费者的共鸣,如何通过制造产品来满足消费者的个性化需求,如何利用营销设计一举击中消费者的痛点,这些都决定了产品能否会成为爆品。

传统产品的特点是批量式规模化生产,同质化严重,个性不足、功能有余。而爆品的出发点则不同,它是以满足消费者的个性化需求为出发点,并为其提供独特的服务,从产品与服务上根据每一位消费者愿意支付的价格高效率地完成交易,这种产品更具有针对性,实现了点对点的定制服务，具有独特的竞争优势。

> 首先，推行以满足用户需求为出发点的服务，体现出"用户至上"的营销理念

> 其次，实施个性化订制和生产，以销定产既避免了库存积压，又降低了生产投入成本

> 最后，因为满足了消费者的个性化需求，产品的功能属性更明确，在一定程度上减少了企业新产品开发和决策的风险

满足消费者需求是一件产品从导入至产出全过程的终极任务，无论是产品生产、使用和服务体验，还是营销模式，个性化需求都应贯穿始终。

首先，产品本身要有个性，不论是产品设计、产品外观，还是价格定位、功能使用，都要最大限度地满足某一类消费群体的个性化需求。

其次，服务体验需要个性化，优质的服务体验能够进一步提升产品的附加值和内涵，打动消费者，满足消费者的情感诉求。

最后，采取个性化的营销模式，撞击消费者内心。成功的营销能够直接刺激到目标消费群体，准确地激发消费者的个性化需求心理。

打造爆品是一种聚集思维模式

和互联网思维一样，爆品思维也无处不在。我们想要成功地打造

出爆品，就要了解爆品思维，爆品思维模式在打造爆品的过程中要全线贯穿。从某种意义上来说，打造爆品就是一种思维模式，是个思维的汇合，我们把这个思维总和叫"爆品思维"。

那么，爆品应该是哪些思维的总和？换句话说，爆品思维应该拥有哪些思维模式呢？

总体来说，爆品有以下五种思维模式：

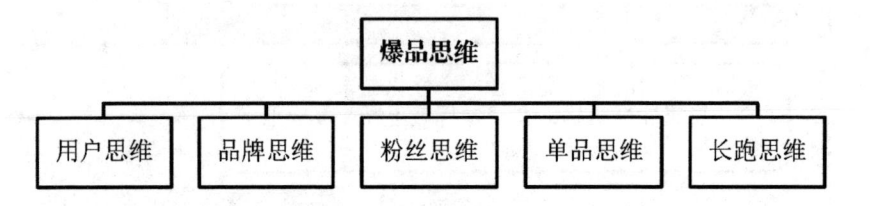

```
                    爆品思维
                       │
   ┌──────┬──────┬──────┬──────┐
 用户思维 品牌思维 粉丝思维 单品思维 长跑思维
```

下面，我们分别来看看这五种思维模式。

◎ 用户思维

对于企业或商家来说，打造爆品时一定要把消费者的需求放在首位。如果消费者要的是面包，但你研发的是牛奶，那显然是失败的。

我们一定要仔细研究消费者的心理，准确运用"痛点思维"，打造适合消费者的、让消费者赞不绝口的产品和服务，这样的用户思维，不仅能获得积极的口碑，还能让企业在互联网市场具有强大的竞争力。

◎ 品牌思维

我们为什么要做爆品？就是为了打出企业的知名度，扩大企业的影响力，树立品牌。消费者对企业爆品的良好印象可以转移到品牌上，这样品牌口碑就树立起来了，以后消费者想到同类产品，首先就会映射出企业的品牌。

说起"三只松鼠"大家一定耳熟能详。这家以坚果零食为主的品牌于2012年成立，不过半年的时间，三只松鼠"双11"的单日销售额就轻松突破800万元。2013年第一个月的销售成绩就突破2000万元，跃居坚果行业全网第一。2014年"双11"的单日销售额更是突破了1.02亿元。

三只松鼠之所以发展得这么迅猛，与它的爆品战略是分不开的。三只松鼠在早期只用"碧根果"这个单品直击袋装坚果市场，这个定位很精准，从而顺利引爆市场。

三只松鼠的宣传营销方式也是很有特色的。比如，让客服模仿松鼠的声音和消费者对话，甚至做了三只松鼠的"卖萌手册"，最主要的是所有的宣传都是从"松鼠"的角度出发的。然后借助"双11"的平台，引爆消费市场，成功树立自己的品牌。

◎ 粉丝思维

爆品一经推出，一定需要粉丝的支持。有了粉丝基础，才能真正引爆产品。传统的营销推广都是花钱请明星代言，利用明星效应实现品牌的传播，慢慢聚集粉丝。但这种方式见效慢，有时还不一定有效果。

在互联网时代，营销会先积累铁杆粉丝，产品先在粉丝中互动分享，巩固粉丝的忠诚度；再由粉丝传路人，路人变粉丝；不断扩大的粉丝群体再传路人……这种粉丝的裂变会迅速扩大产品的知名度，这也就是所谓的社会化传播爆品。

在爆品推广初期，我们不能以销量定输赢，而是应该以粉丝论英雄，这就是爆品的粉丝思维。

◎ 单品思维

为什么会提到单品思维？是因为任何一家企业都是因为产品和品牌的完美结合而知名。比如：箭牌口香糖、可比克薯片、乐高玩具、吉列剃须刀、李维斯牛仔裤……没有任何一家品牌可以脱离产品而存在，我们不会说李维斯的手表、箭牌的口气清新剂、可比克的牛仔裤……因为爆品的前提一定是从单品出发。所以企业通过打造出一款经典的单品推向市场从而成为爆品，就必须坚持单品思维，即坚持一种产品理念。

福特的T型车就是实施单品思维的典型案例。

时间追溯到1909年的一天上午，福特突然在办公室向人们宣布，今后福特公司只生产一款黑色T型车。福特还就车的颜色向大家解释说，因为黑色是基本色，这样顾客就可以将它漆成任何他自己想要的颜色。

这个决定让公司人员惊讶不已，因为福特汽车公司在此之前共生产了八款汽车，分别是A型车、B型车、C型车、F型车、N型车、R型车、S型车和K型车。这些车型当时在市场上非常畅销，福特汽车因此赚了个杯满盆满。而就在一切风生水起的时候，福特却突然决定只生产一款汽车，这着实让公司人员大感不解。甚至有些人开始预测，福特公司即将倒闭，最多撑不过6个月，还有人预言福特公司最终逃不掉破产的命运。

面对外界的各种不理解和致命打击，福特公司创始人亨利·福特仍坚持心中所想，坚持要打造一款"爆品"，他认为应当制造一款可永久使用、可永久升级、永远不会过时的车型，即以后无论对它进行任何改进，都能确保其零部件可以更换。他说："我要使每辆车甚至每件非耗材产品都牢固耐用、质量过硬，确保顾客不用再买第二件。"

福特的愿望得到了实现，T型车面世后在市场上独领风骚，其销量超过了其他任何一家汽车商的任何一款车，而且订单与日俱增，福特实施的单品思维获得了巨大的成功。

福特先生回忆起自己当初的坚持仍心有余悸，他说如果当时自己顺应市场形势，福特就应该是继续不断地推新款，取得更好的经营业绩。但他认为，产品应该被赋予企业的生命和灵魂，所以福特一定要打造一款拥有超级福特理念的T型车。

然而T型车的成功打造却并非易事，从炼钢到生产各种零部件，不论是拆装试制，还是从生产环节、人员管理、生产效率等各个方面都要全面改造，为此福特先生专门从英国请来一位懂商业炼钢的人，生产出独特的钒钢。通过工匠们的精耕细作，终于将这款能够在任何时期加以升级改造的车型试制成功。

T型车成就了福特公司，也成就了亨利·福特。这是单品思维的典范。

◎ 长跑思维

诚然，福特能够成功推出爆品也是有缘由的，一方面基于它已有的多款成熟车型及销售业绩，另一方面还有它强大的品牌影响力。

对于大多数企业来说，如果在创业之初就将产品思路定位在只做一种单品，是很难成功的，因为不仅没有品牌影响力，而且没有资金流的支持，更不能满足顾客个性化的需求。这就像一家餐厅只有一种主打菜品是很难吸引到顾客进店消费一样。

因此，爆品的又一个思维——长跑思维也不可或缺，即要将爆品的打造看成是一场马拉松式的持久战。

目前，有一些在互联网火爆的产品如三只松鼠、江小白等，这类迅速蹿红的案例有很多。但我们尚不能把它们界定为真正的超级单品，它们能否做到经久不衰，还需要经历时间的考验。

互联网经济、粉丝经济、社群经济这些新型的经济模式颠覆了传统，企业以往花十年、二十年都打造不出的效应在互联网依托下可能只需要二至三年的时间。这让传统企业开始迷惑了，到底应该如何生产产品，如何营销？但同时我们也会发现，这些盛级一时的风口产品很多都是昙花一现，能够始终火爆的非常稀少。

但凡是商业运作都要遵循商业法则，只要是营销都不能脱离营销的本质。一切商业运作都需要围绕消费者需求来开展，如何探寻和满足消费者的需求，这需要企业对产品和市场进行多次的探索。优质的带有情怀的产品，一定会是消费者青睐的爆品。

比如锤子手机就是一个典型的案例，用完美主义的工匠精神打造了一款用户体验一流的数码消费产品。就像做硬件的企业如果对供应链没有足够的理解就无法生产出完美的产品，做互联网的企业不能认识到资本的作用也无法长盛不衰。

制定爆品战略的四大原则

随着市场竞争进入白热化阶段,要想把一款爆品做好,做到更有竞争力,能够在众多相同的爆品中脱颖而出,首先要做的就是要制定一个周全的爆品战略,一个好的战略往往是能否取胜的关键。

如果能够打造一个别人没有的爆品,或者别人没有用过的推广手段,往往能够起到出奇制胜的效果,那么就能最大化体现自身爆品的优势,打开市场也就轻而易举了。很多企业在最初阶段都会采取在价格上做文章的方法,利用降价促销博取消费者的认可。但是这种方法并不是长久之计,只是在短期时间内提高爆品的销量,没有哪一家企业能够承受常年促销带来的损失。

由此就需要重新制定方案,从其他的方面突破,这里我们总结了四个爆品战略的原则。

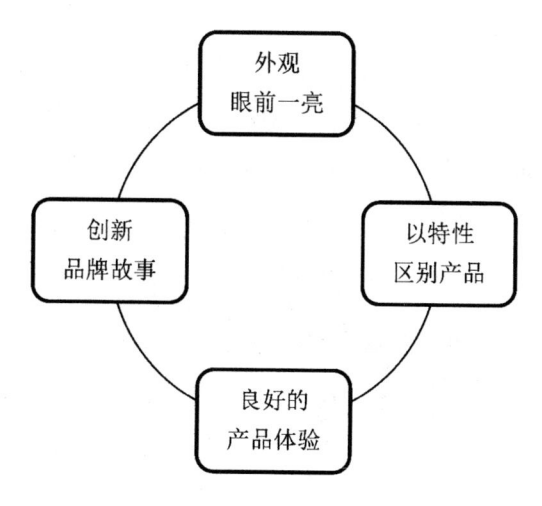

◎ 让产品从外观上与用户进行沟通对话

爆品不仅要在质量上过关，还要有让人眼前一亮的外表，以好的产品质量、优质的服务为基础，再加以符合消费者的审美和喜好的外包装，两相结合，就更能发挥出爆品的威力。

爆品的外观是消费者接触产品的第一印象，在产品一样的情况下，让人眼前一亮的包装一定更胜一筹，这其中的原因值得每位企业策划者去思考。其实爆品外观带给消费者的信息，会让消费者考虑它是否满足了自己的需求或者口味。

没有人会对没有特色的东西感兴趣，爆品更应该在包装上下功夫，从包装色彩、形状、图文的搭配等方面凸显出爆品的特色，从而吸引消费者的眼球，提升产品带给消费者的第一印象。

◎ 以特性建立爆品的区别度

在这个竞争激烈的爆品时代，爆品更应该拥有独有的特点，从而以特性建立爆品的区别度，用爆品的别具一格来吸引消费者，给消费者更多的选择。企业建立区隔，首先要做的就是把产品的特点和优势最大化地展现出来，一般爆品的原料、生产日期、生产厂家、电话地址等这些信息都会印在外包装上，但是这些基本信息都不是吸引消费者的关键。真正吸引消费者的是这款爆品到底能给消费者带来怎样的效果，比如护肤品能够美白、润肤、祛痘、祛疤等等，这些功能总有一种是消费者需要的。

◎ 良好的爆品体验感

什么是用户体验？用户体验不仅仅是用户使用爆品的过程，用户体验存在于许多环节，这其中包括了爆品的设计、生产、销售、售后等一系列的体验。如果企业想要打造一款爆品，那么必须保证产品处于现阶段能够达到的最佳状态，然后在这个基础上去探索不同人的喜好，再去满足这个需求。

◎ 用品牌故事提升爆品的媒体价值

如果爆品能有自己的文化和故事，那么就更能吸引消费者的目光，尤其是一些好的品牌所拥有的文化底蕴，更能加深消费者对品牌的认识，更深层次地了解企业文化和品牌理念，从而增加客户的忠诚度。

如果赋予品牌的故事源于顾客的生活中，那么就更容易得到顾客的青睐，因为它更为真实、更显真诚，这就是成功的秘籍。

打造爆品的三大注意事项

在我们打造爆品的过程中，会遇到很多误区和陷阱，让我们的战略最终不能成功。导致战略不成功的原因有三个，由这三个原因我们来看看在打造爆品的过程中要注意些什么。

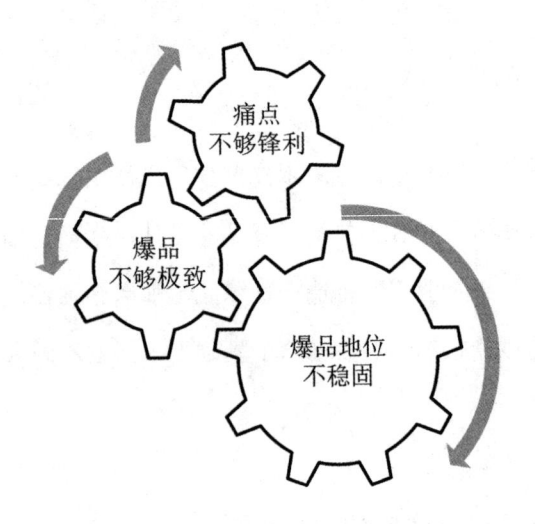

```
        痛点
       不够锋利
   爆品
  不够极致
        爆品地位
         不稳固
```

◎ 痛点要锋利

找到用户的痛点还不够，还应该找到最锋利的一级痛点。所谓锋利就是把痛点挖掘到极致，通过不断地做减法，把痛点聚焦。

我们来看一个失败的案例，看看痛点的不够锋利是如何导致爆品打造失败的。

快书包成立于2010年，为用户提供一小时快速送书服务，而且送书的包装使用精美的印花布。但是在时隔七年后的今天，电商市场上已经见不到快书包的身影了。这个品牌为什么会失败呢？

快书包创始人徐智明给出了这样的反思："必须有特别锋利、清晰的定位，才能够戳到用户痛点。"快书包找到了用户痛点，就是一小时内快速送书。快速是消费者的一个需求点，但远远不是最锋利的痛点，也不是用户的一级痛点。在图书市场上，品类齐全、折扣大、优惠多才是消费者的一级痛点。快书包没有找到用户最锋利的痛点，很快被同样经营图书业务的当当、京东等企业打败。

所以，找痛点时，要遵循以下三个原则：

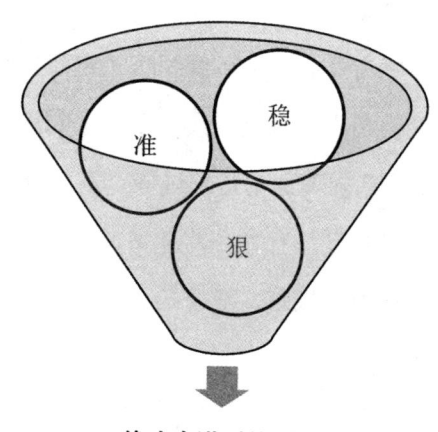

找痛点遵循的原则

根据这三个原则深挖用户最迫切的一级需求，就能找到最锋利的痛点。

◎ 爆品要极致

我们常说，把爆品做到极致，把服务做到极致。极致就是达到最好程度，达到最佳状态。从打造爆品的角度来说就是专注一点做到让别人没有空间、无法模仿，达成绝对优势，形成一个价值锚。

不够极致的产品，在互联网时代很容易就被抛弃，不会获得好的市场反馈。

嘿客是顺丰的一个O2O项目。顺丰其实是一个追求极致的公司，把快递的安全性和快速性做到极致，深受用户的信赖。但是嘿客这个产品没有取得成功恰恰是因为做得不够极致。

首先，嘿客选址出现问题，3000多个门店大都选在高档小区，采取用户到店收发件返2元的模式。但是高档小区用户显然愿意选择上门收发件,所以到店收发件模式并不成功。

其次,嘿客发展电商业务,采用便利店和电商相结合的模式,店内摆放商品,作为社区便利店,也可以线上下单,配送上门。但是这种模式的供应链成本过高,店内商品销售额过低,不足以支撑门店的运营。

由此可以看出,嘿客是很有野心的产品,物流、电商、线下零售都有涉足,可是没有一项做到极致,在市场上不具备竞争力,所以最终导致了失败。

◎ 守住爆品地位

"一将功成万骨枯",老的爆品一定会被新的爆品干掉,这是市场的规律。抓不住新的痛点和消费者已经发生变化的需求,一定会被新的爆品代替。就如同曾经火爆的人人网,曾经在年轻人中风靡一时,曾经是中国最流行的社交网站。但是随着互联网移动端的逐步发展,人人网被新爆品诸如微信、微博代替,用户也逐渐转移阵地。微信、微博之所以能成功,是因为它们抓住了用户的新痛点,守住了其通讯爆品地位,即"通讯+资讯+陌生人网络社交"。这是用户需求变化导致的爆品被颠覆。

再来看看行业的变化革新是怎样颠覆爆品的:任天堂的家用主机产品wii曾是游戏行业内绝对的爆品,甚至开创性地发明了体感游戏,一直引领着行业。但是游戏行业发生了一场革命性的质变,那就是——多点触控,手游冲击了传统游戏,智能手机干掉了wii。

围绕用户发生的行业"质变",都会产生革命性的爆品,这些新爆品一定会替代老爆品。行业质变有以下三种：

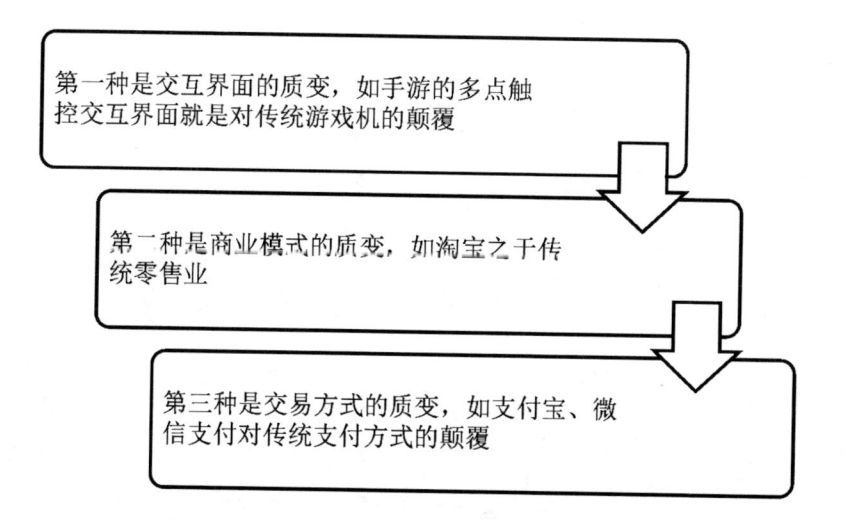

> 第一种是交互界面的质变，如手游的多点触控交互界面就是对传统游戏机的颠覆

> 第二种是商业模式的质变，如淘宝之于传统零售业

> 第三种是交易方式的质变，如支付宝、微信支付对传统支付方式的颠覆

这些质变，正在各行各业真实发生着。在互联网时代，这些质变会快速催生出新的爆品。

第 2 章
定位——如何定位才能成为爆品

要想成功打造出爆品，首先需要给我们的产品、服务或品牌定位。定位可以让用户和粉丝知道产品是做什么用的，他们可以获得什么。一个好的产品定位，从根本上决定着是否能打造出爆品。

什么是爆品定位

互联网时代各种新思想得到了快速的更新迭代，而一种重要思想的成功推崇可以引发一个时代的追随。对于在商海沉浮的企业，想要打造一款爆品，首先需要找准定位。让我们一起来看看下面几个爆品的定位：

Lee：最贴身的牛仔

七喜：我们不是可乐饮料

康师傅：好吃看得见

百事可乐：新一代的选择

长虹：以产业报国，以民族昌盛为己任

我们可以看出，这些爆品的定位非常经典和精准，能够迅速渗透进消费者的内心。所以说爆品的定位一定要与现实社会有效结合，与消费者需求密切关联。

那么，到底什么是爆品定位呢？爆品定位可分为以下两类：

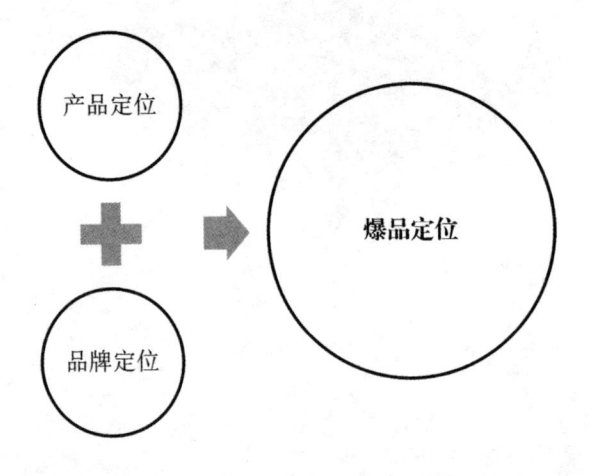

产品定位 ＋ 品牌定位 → 爆品定位

产品定位，顾名思义就是产品的市场定位，就是确立产品在市场上的位置。企业通过为自己的产品创立鲜明的个性特色，全方位打造出独特的市场形象。产品的个性创设需要通过产品的结构、性能、用途、质量、档次、规模、款式等来表现，同时要考虑市场需求和消费者特点。

品牌定位，就是企业结合市场情况对自主品牌形象和品牌传递价值进行设计和确定，从而让品牌成为目标消费者心中一个个性化的、有着特别价值的品牌，也可以说是针对目标市场，建立一个品牌形象的过程与结果。

爆品定位的核心是STP，即市场细分、目标市场选择和市场定位，三者之间的关系如下图所示：

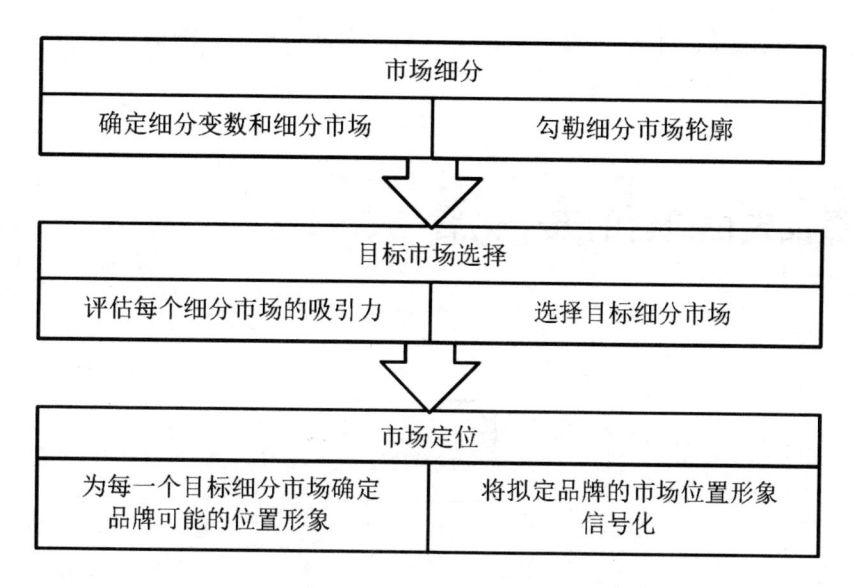

市场细分	
确定细分变数和细分市场	勾勒细分市场轮廓

⬇

目标市场选择	
评估每个细分市场的吸引力	选择目标细分市场

⬇

市场定位	
为每一个目标细分市场确定品牌可能的位置形象	将拟定品牌的市场位置形象信号化

市场细分。不同的消费者有着不同的特性，消费市场呈现出了多样化、复杂化的特点。如何对庞大的消费市场进行细分，在同一个子市场里去探寻同类消费者的需求，从而促进企业设计品牌个性、塑造品牌形象，这都需要企业在做爆品定位前做好市场细分。

目标市场选择。市场细分完成后，紧接着需要根据企业状况和产品特点，结合企业营销目标，找出对企业和产品最具优势和吸引力的细分市场，即目标市场。根据目标市场开展系列品牌运营活动，品牌定位必须围绕目标市场需求来展开，只有这样，品牌才能得到目标市场的理解与认同。可以说，目标市场是爆品定位的着力点。

市场定位。企业选定了目标市场，接下来需要在目标市场里确立品牌的位置和形象，通过市场定位来设计企业的产品和品牌，从而争取获得目标消费者的认同。任何品牌形象都需要通过企业传播、有效引导和消费者反馈来实现，因此需要对品牌形象信号化。让品牌信号成为连接消费者与企业的桥梁与纽带，品牌定位其实是市场定位的核心和集中表现。

只了解爆品定位的概念还远远不够，还需要层层解析爆品定位，多角度洞察爆品定位，才能对爆品定位有更全面、更深刻的认知。

爆品定位包含的五个内容

爆品定位主要有以下五个方面的内容：

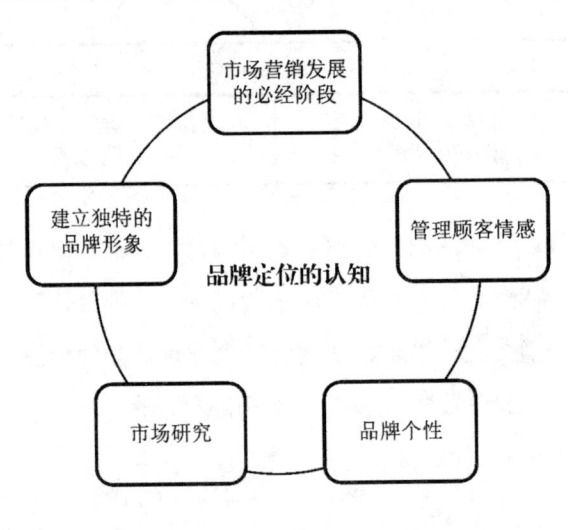

品牌定位的认知：
- 市场营销发展的必经阶段
- 管理顾客情感
- 品牌个性
- 市场研究
- 建立独特的品牌形象

爆品定位是市场营销发展的必经阶段。市场营销经历了大众市场时代、区隔市场时代、区分区隔时代和大行销时代四个阶段。大行销时代把顾客的需求放在爆品定位的出发点，通过产品价格、产品特性及应用导向的构建，推出能满足顾客不同需要的产品和服务，企业通过开发各种利益组合的产品，根据市场特点采取不同的营销组合，然后根据不同地域实行产品和服务的差异化经营，从而形成独特的爆品定位。

爆品定位可以管理顾客情感。最好的品牌营销打的是情感牌，所以爆品定位要想做到与众不同，就要深入走进消费者的内心，要在情感上引发顾客的共鸣，只有这样才能长期吸引顾客。

比如，耐克的品牌价值目前已达几十亿美元，它在体育服饰品牌中一直占据着显要的位置，拥有耐克情结的人更是不胜枚举，大街小巷都能看到那醒目的耐克对钩标识。迪斯尼作为家庭奇妙生活中受人尊崇的品牌，它明快的形象与欢乐的游玩项目更是满足了每个人心中潜在的童趣。这些品牌就是用情感成功地联系了顾客和产品。

品牌个性是爆品定位的支撑点。品牌个性也就是品牌的style和品牌的标识标签，换句话说品牌个性是区别于其他品牌的特性，这种个性一定集聚了品牌的核心竞争力、品牌理念、品牌特征，是品牌魅力的源泉。

品牌个性能够展示品牌活力，丰富品牌意象，提升品牌的理性诉求，它也是连结爆品品牌与顾客的桥梁，是指导顾客选择的理性基础，所以说品牌个性是爆品定位的立足点，它可以创造顾客的品牌感知，促进顾客的品牌联想，强化顾客的购买动机。

市场研究是爆品定位前的首要工作。爆品定位是基于目标市场的需求，而要找到目标市场，就必须进行充分的市场研究。市场研究不仅要研究同类市场、同类品牌，还要研究不同的消费者。只有经过充分的市场调研，才能使爆品定位与目标市场保持一致，获得目标市场的理解与认同。

建立独特的品牌形象是爆品定位的目的。打造爆品之所以要做爆品定位，是要在消费心目中占据一个位置。这个位置站定了，才能激起消费者的购买欲望。想要塑造成功的爆品形象，就要付出心血，完成一系列艰苦细致的工作。比如提高产品质量，改善服务质量，树立企业文化，打造创新营销等等。一分耕耘，一分收获，只有企业付出了努力，才会让爆品打动消费者，促使消费者购买。

综上所述，可将爆品定位策略运作的过程总结如下图所示：

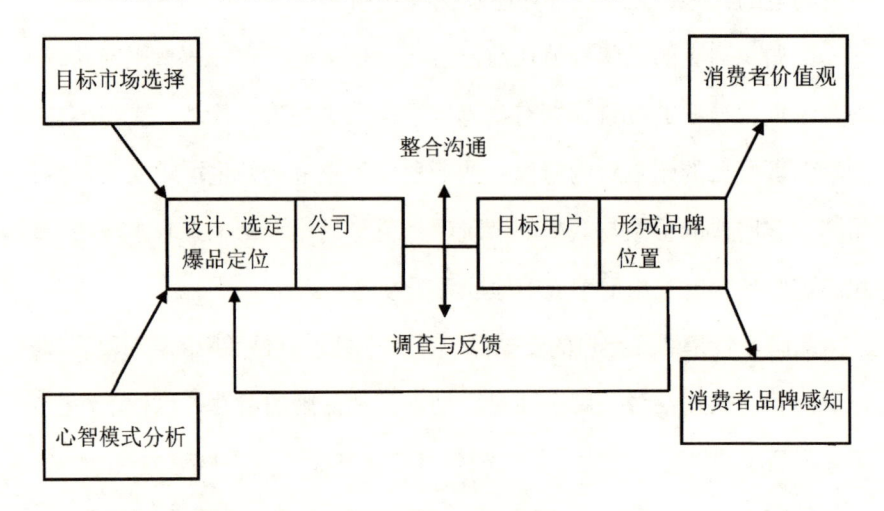

```
┌──────────┐                                              ┌──────────┐
│目标市场选择│                                              │消费者价值观│
└────┬─────┘                                              └─────▲────┘
     │              整合沟通                                     │
     ▼          ┌────┐ ▲  ┌──────┐ ┌──────┐                    │
  ┌──────┐     │    │ │  │      │ │形成品牌│                    │
  │设计、选定│──│ 公司│ │  │目标用户│─│  位置 │────────────────────┘
  │ 爆品定位 │  │    │ ▼  │      │ │      │
  └──▲───┘     └────┘    └──────┘ └──────┘
     │            调查与反馈                                   ┌──────────┐
     │                                                        │消费者品牌感知│
  ┌──────┐                                                   └──────────┘
  │心智模式分析│───────────────────────────────────────────────────▲
  └──────┘
```

爆品定位的七大原则

爆品定位完成后，消费者与企业就有了交流与互动，成功地转化为销售还需依赖于企业对消费者购买欲望的激活。

爆品定位看似简单，但是成功的爆品定位必须要考虑和遵循以下原则：

爆品定位原则

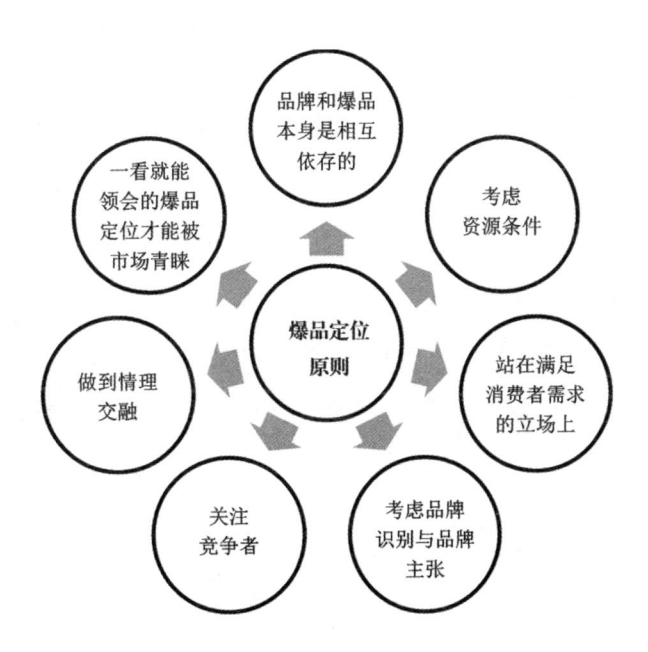

- 品牌和爆品本身是相互依存的
- 考虑资源条件
- 站在满足消费者需求的立场上
- 考虑品牌识别与品牌主张
- 关注竞争者
- 做到情理交融
- 一看就能领会的爆品定位才能被市场青睐

◎ 品牌和爆品本身是相互依存的

如果说爆品是一个人美丽的外表，那么爆品品牌就是他的内涵。一个人不能徒有其表，金玉其外而败絮其中，做爆品也是一样。品牌和爆品本身是相互依存的，企业在进行爆品定位时，必须要考虑产品本身的结构、性能、质量、用途等因素。

产品价值不同，定位也不一样。假如一件产品使用范围很广，企业可以把定位适当扩大，以满足不同消费者的需求；假如这件商品适用范围比较小，爆品定位太大就不合适了。此时，定位就要有针对性，比如说专用仪器、设备等等。因此，在进行爆品定位时，必须结合产品本身的特点。

◎ 考虑资源条件

占领市场，为企业带来经济利润是进行爆品定位的最终目的。因此，爆品在进行定位时一定要量力而行，有多大的金刚钻，就揽多大的瓷器活儿。我们要把企业的资源条件、人力条件、经济条件充分考虑进去，既不要造成资源浪费，也不要超出企业负荷。所以说，爆品定位一定要量力而行，你想走进尖端产品市场，但是你的硬件条件跟不上，也是白白浪费时间。

比如，百威啤酒定位在高端市场，以"啤酒之王"的美名享誉四海。百威啤酒极致的产品品质，让喜欢啤酒的消费者无论是在旧金山，还是在北京，饮用时的口感永远都是一样的清新和独特。百威啤酒采用了先进的德国啤酒酿造技术，口味醇厚，口感滑爽，传统的酿造工艺、先进的技术水平和严格的质量保证体系，使百威啤酒多年来深受世界各地人们的喜爱。

麦当劳是全球著名的快餐连锁店，任何一家麦当劳餐厅，无论是餐厅外部形象、内部环境陈设，还是食品规格、服务员的服务用语和衣着服饰等都惊人地相似，让顾客在任何地方都能享受到同样标准的食品和服务。如果没有全球化的经营管理水平，想做到这一点根本不可能。

因此，爆品定位要与企业的资源条件相匹配，既不能好高骛远、夸大求全，也不能低估自己，造成资源浪费。

◎ 站在满足消费者需求的立场上

爆品定位必须站在满足消费者需求的立场上，借助于各种传播手段让爆品在消费者心目中占据一个有利的位置。

拿宝洁集团的系列洗发水为例，海飞丝的特点是去头屑，潘婷的特点是对头发的营养保健，飘柔是使头发光滑柔顺。它们的产品广告也是出手不凡、各具特色。

海飞丝的经典蓝，让我们联想到蔚蓝的大海，其视觉效果总是带给消费者一丝清新和凉爽，"头屑去无踪，秀发更干净"的广告语则进一步在消费者心目中强调了海飞丝去头屑的功能。

潘婷奶黄色的包装，其丝滑的视觉效果带给消费者滋养的感觉，"瑞士维他命研究院认可，含丰富的维他命原B_5，能由发根渗透至发梢，补充养分，使头发健康、亮泽"的广告语，更是从各个角度突出了潘婷的营养型个性。

宝洁的成功在于它擅长用同类产品的不同款商品占据市场，同类产品的不同款商品能满足不同消费群体的需求，同时多款产品细分的市场拼起了同类市场这块大蛋糕。宝洁在进行市场布局时一直做到无缝设计，利用产品的差异化生产出个性鲜明的产品，并巧妙运用营销组合原理，成功地将这种差异化产品推销给不同的消费群体。

宝洁要求旗下的每个品牌都要有自己的特点，巩固顾客的忠诚度。所以，宝洁旗下的爆品相互竞争，但又各有所长，为消费者提供不同的消费体验，又保持着自身的品牌新鲜度。

爆品在进行产品定位时，一定要把客户的需求放在首位，无论是心理上的，还是情感上的，从头到尾，都要把爆品的卖点和客户的需求紧密地结合在一起。

◎ 考虑品牌识别与品牌主张

什么是品牌识别呢？其实就是品牌的内容、文字、图标等各方面的结合，是一个比较宽泛的定义。比如麦当劳品牌识别的重要部分是干净和清洁，但这个识别不能成为麦当劳与竞争对手区分的主要特征，因此谈不上是爆品定位。

品牌主张就是品牌所要宣扬的核心价值观，它可以与品牌识别整合到一起，为爆品定位提供素材。品牌定位、品牌识别、品牌主张既互为联系又各有不同，品牌识别和品牌主张可以作为定位的基础，但它们不能决定定位，而品牌定位可以改变品牌识别和品牌主张。

另外，可以说没有品牌定位，就没有品牌识别和品牌主张，只有当品牌定位存在时，品牌识别和品牌主张才能够完全得到发展，并具有系统的脉络和深度。

◎ 关注竞争者

爆品定位最重要的一环就是要考虑竞争者。竞争者是品牌定位的参照方，市场经济竞争极其激烈，任何一个细分市场都会有一个或多个竞争者，要想找到可以垄断的细分市场或未被开发的市场更是难上加难。

在这样的市场形势下，企业在做爆品定位时，一定要考虑竞争者，通过研究竞争者寻找和制造市场差异，强调企业竞争优势，以己之长攻彼之短。否则毫无特色，盲目跟进和模仿既不能吸引消费者，也不能建立起消费者的忠诚度。做得再好，在消费者心中也只是一个"超级模仿秀"。

百事可乐进驻市场时，以挑战者的身份使用"Me Too（我也是）"的传播策略。其涵义是你可口可乐是"真正的可乐"，"我也是"。这种策略很容易让消费者产生模仿的概念。而可口可乐发现了百事可乐传播策略的漏洞，适时推出"只有可口可乐，才是真正的可乐"。

这种做法不仅加深了可口可乐在消费者心目中的印象，还显示了自己在市场竞争中的王者地位，言下之意就是"可口可乐就是鼻祖，其他的都是模仿，一直被模仿，从未被超越"，给百事可乐当头一棒。

所以，爆品定位一定要有个性，要独一无二，让别人无法模仿，突出自己明显的竞争优势。只有这样，才能做爆品市场的常青树。

标示爆品差异性的途径主要有以下两个：

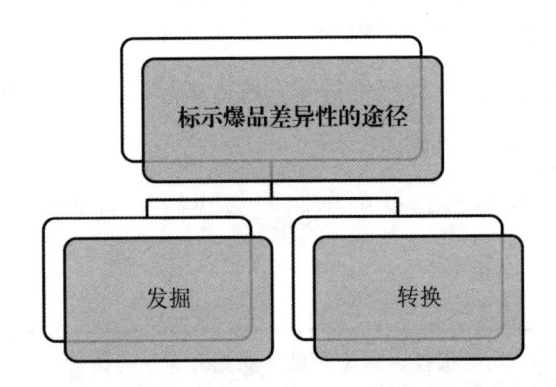

```
        标示爆品差异性的途径
           /          \
         发掘         转换
```

发掘是指企业可以从产品、服务、人事、形象、渠道等五个方面进行思考和探寻。如劳斯莱斯以卓越的品质而成为名牌汽车中的皇冠。转换的案例有很多，如"霍尼韦尔，另一家电脑公司"，"七喜，不是可乐"等。

◎ 做到情理交融

所谓"晓之以理，动之以情"，爆品定位也需要考虑情理相融，这样的交融可以更好地吸引和维系消费者。从理性上来说，企业要考虑爆品的实用价值为消费者带来的功能性利益，如钟表的计时功能、药品的治病功能、钢笔的写字功能、冰箱的制冷功能等。

另外，企业还可以根据不同类型消费者对爆品的特殊要求进行针对性的具体定位。例如：格力电器，"静"在其中；OPPO R9，这一刻，更清晰；华旗豆奶，一冲就开；等等。

从情感方面来说，消费者对爆品需求都有着自己的情结，正如瓦尔特·玄纳特在《广告奏效的奥秘》一书中所说的，人首先依赖于情感，其次才依赖于理智。同样是手机，在功能差不多的情况下，有人爱苹果，有人爱华为，有人爱OPPO，有人爱VIVO、美图等。在这种情况下，爆品品牌变成了一种感性符号，成为满足情感需求的筹码。爆品的这种特征可称为品牌的表现性。

品牌功能性与表现性的不同组合决定了品牌定位的不同表现形式。

高功能性—高表现性	• 功能极佳、质量优良，能充分满足消费者的实用性需要；消费者印象好，可以满足其情感需求。一般是高档名贵商品品牌。
低功能性—高表现性	• 消费者情有独钟，质量、功能尚可。一般是表示某种身份或气质的品牌。
低功能性—低表现性	• 消费者无特别钟爱，对其功能也无特殊要求。一般指大众化商品品牌。

成功的爆品定位一定要兼顾品牌的功能性和表现性，以质服人，以情动人。比如，早期的娃哈哈果奶，"甜甜的，酸酸的"成为消费者购

买的理性理由，后面再加上一句"妈妈，我要喝娃哈哈果奶"的情感理由，一旦小孩提出这样的要求，有哪一位妈妈能忍心拒绝呢？

◎ 一看就能领会的爆品定位才能被市场青睐

现在人们都喜欢弃繁从简，因此选择简明扼要的爆品定位更能收到事半功倍的效果，不需要全部罗列爆品的特点，不需要面面俱到地讲述爆品定位，那种消费者一看即知、一眼就能领会的爆品定位才是被市场青睐的。

消费者不喜欢复杂的事物，消费者也没有那么多精力去调查一个产品。而爆品，只用抓住某一个、或者某两个独特的点，言简意赅地表达出来就行了。这也是爆品定位的一条重要原则。

比如，海澜之家"男人的衣柜"，好空调"格力造"。简洁的，就是成功的。

爆品定位最基本的着眼点——从产品角度进行定位

爆品从产品中来，爆品代表了产品和服务的价值、体现了产品和服务的品质。要定位爆品，必先定位产品，产品是爆品定位的出发点和基础。定位爆品可以从产品的以下几个着眼点出发：

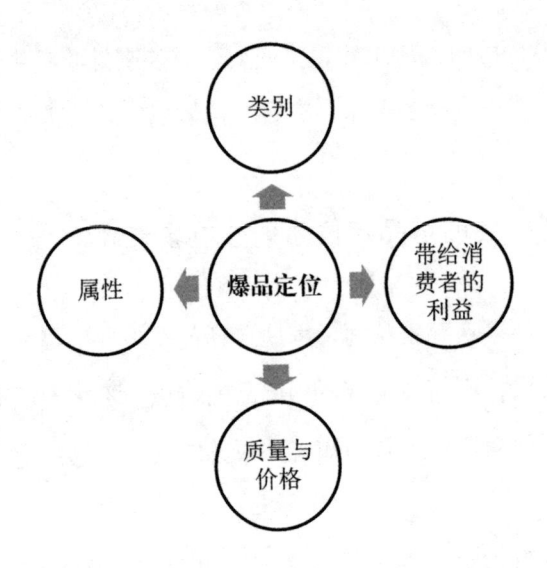

```
        类别
         ↑
属性 ← 爆品定位 → 带给消费者的利益
         ↓
       质量与价格
```

◎ 从产品类别出发

通过与其他爆品比较，标明自己的"另类"身份，显出自己的与众不同，这也是获得爆品定位的一种重要方法。比如七喜，通过"非可乐"的定位而一举成名。

这种定位具有利弊两面：有利的一面是可以短时间内在消费者心中形成深刻的印象；不利的一面是极容易被模仿。要真正打造爆品的定位点，还是需要丰富和突出产品的内涵。

◎ 从产品属性出发

产品属性是爆品定位最原始的来源，在科技和经济都越来越发达的今天，市场竞争愈发激烈，产品同质化越来越严重，想追求差异化越来越不容易，可替代的同类产品比比皆是。所以这种定位很容易被效仿、被替代。

例如，宝洁公司旗下的海飞丝早在上个世纪80年代就用"去屑"定位品牌，一上市就成为最畅销的洗发水品牌之一，是当时的爆品。但是，具有相同属性的产品不断出现，海飞丝失去了它的优势。

在今天的市场环境下，要以产品属性作为爆品定位而获得成功，必须达到以下两个要求：

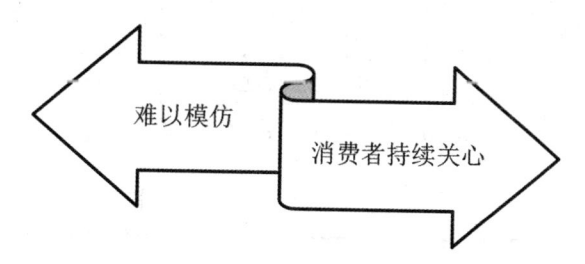

<— 难以模仿　　消费者持续关心 —>

首先必须要有难以模仿的产品，或者在消费者心中不可替代，这样独特的性能可以成为很好的爆品定位点。

其次是产品具有消费者持续关心的某种特性，并且企业也在不断改进这一特性。例如，格力空调的"节能"属性，节能是消费者所关心的，而格力在节能属性上不断改进获得了成功。

如果产品不具有这两种特点，那么从产品属性来定位爆品是很困难的。

◎ 从产品质量与价格的关系出发

质量是产品生存的根本，是打造爆品的条件和基础。用户首先关注的就是产品的质量，爆品之所以能引爆市场，就是因为高质量带来好口碑。而质量在今天有着更宽泛的涵义，它还包括了用户体验，以及售后服务。

价格是价值的货币表现，它能说明产品的质量，也能作为消费者选择爆品的一个标准。

有的消费者相信，便宜没好货，价高则质优。而有的消费者追求性价比。那么，爆品要怎样从质量和价格的关系定位呢？有以下三种方式可供大家参考使用：

强调质量	强调性价比	只强调价格
•用卓越的品质为用户带来尊荣和满足的内心体验。	•让消费者的利益达到最大化，消费者通过价格对产品产生预期，让他们有超出预期的感受。	•让昂贵的价格来体现爆品的格调，也能吸引到一部分消费者。

◎ 从产品带给消费者的利益出发

作为爆品，必须要满足消费者需求，给消费者带来利益。很多爆品即以此来进行定位。

比如，"支付宝，知托付"，体现了产品对消费者的保障和承诺；农夫山泉"我们不生产矿泉水，我们是大自然的搬运工"，强调水的纯天然属性，带给消费者天然健康的水。这些利益点应该是消费者所关心的，而且这是产品所要表达的核心价值。

爆品定位的一个重要方面——从目标消费者的角度开发

爆品定位的目标始终是消费者，将消费者的需求作为爆品的定位点是爆品定位的关键。开发爆品定位点首先要对目标用户进行分析，可以从消费群体、使用场合、使用时间、消费目的、消费习惯和生活方式这几个方面来分析。

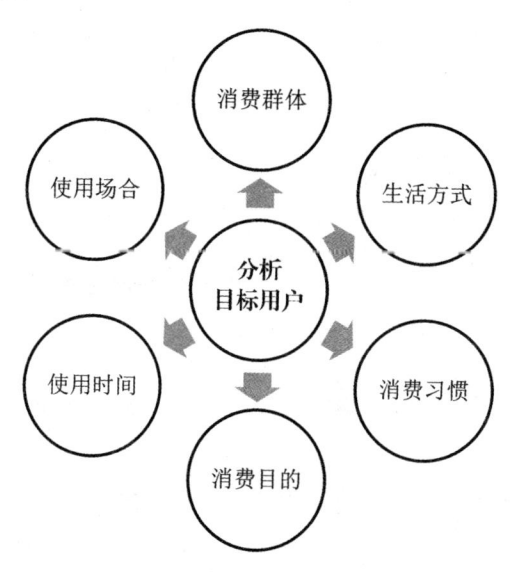

（图：分析目标用户——消费群体、生活方式、消费习惯、消费目的、使用时间、使用场合）

◎ 从消费群体定位

从产品使用者身上找痛点进行产品开发，简单来说就是把某一用户群体和产品联系起来，标注出产品的目标消费者。这种定位方式直接地表明爆品能为消费者带来什么样的利益，以及解决什么样的问题。

不少爆品都使用了这种定位方法。比如海澜之家的广告词"男人一年逛两次海澜之家"，以及"男人的衣柜，海澜之家"就清晰明确地表明了品牌专注男装，解决男士服饰搭配的问题。爆品或品牌使用的代言人，也能表现爆品的目标用户。

◎ 从使用场合和使用时间定位

很多爆品把定位点放在产品的使用场合和时间上，使爆品与特定的时间和地点联系起来，促使消费者选择爆品。

红牛是这种典型的例子，"困了累了喝红牛"，其中不但有时间还有感受。还有一个著名的爆品国货大宝，它的经典广告词是"想要皮肤好，早晚用大宝"，也是定位了使用时间。而从地点定位的例子有著名的"万达广场就是城市中心"。

找到类似这样的时间、地点定位后，一定要坚持下去，如果要试图扩大范围，也需要谨慎考虑，因为很可能导致失败。

◎ 从用户的消费目的定位

任何行为都有动机和目的，消费行为也是如此。消费者会因为种种目的去购买爆品，而从消费者的目的和动机去寻找定位点也是一种可取的方式。

比如，著名的百度广告语"百度一下，你就知道"，明确地从用户搜索的目的来定位。兰蔻护肤品的"年轻在基因里，一触即发"，则准确抓住了护肤品消费者渴望留住青春的消费心理。了解消费者目的，才能有的放矢，开发出相应的定位点。

◎ 从消费者的生活方式出发

消费者的自然属性已经很难用以划分市场了，因为他们的需求越来越差异化、精细化。所以研究消费者的生活方式、价值观和心理特征等就显得尤为重要。

比如，如今"微信"几乎渗透了每个人的生活，大到企业内部交流,小到朋友嘘寒问暖,遇到有趣的事情想马上和朋友分享,好心情坏心情想在朋友圈表达,而微信的定位就是"微信,是一种生活方式"。

让爆品定位符合目标用户生活方式,甚至为他们创造一种生活方式,以此来开发定位点,产品就有成为爆品的潜力。

从爆品竞争的角度挖掘定位点

上文所提到的爆品定位方法都是从产品本身和消费者的角度出发,并没有考虑到爆品定位所隐含的竞争性。但市场必然存在着竞争,爆品的定位点也必须从竞争性的角度来挖掘。

从爆品竞争的角度挖掘定位,可以从以下两个方面进行:

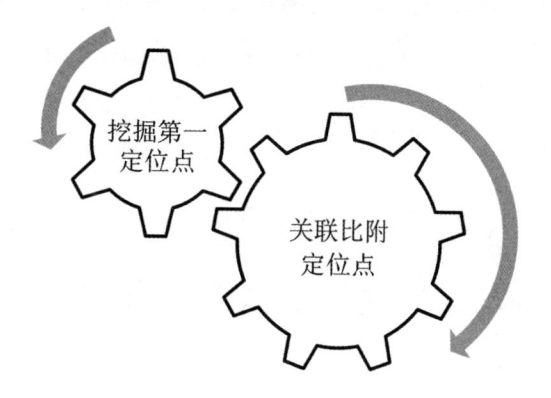

◎ 挖掘第一定位点

挖掘和开发第一定位点要求产品具有首创性,这种定位点操作起来很困难。世界上首家电话公司AT&T,在电信业务上具有首创性,不管公司业务怎样拆分，同行竞争多么激烈，AT&T电信业务的第一位置始终未变。这就是"第一"的巨大功效。

作为定位论先驱，杰克·特劳特和艾·里斯将这种"第一"列为定位方法之首。他们认为，消费者往往只会关注"第一"，不会关心第二、第三，就像体育比赛中冠军是最令人印象深刻的。要发掘这种"第一"定位点，就是要寻找消费市场的空白点，甚至去创造这种空白点。

◎ 关联比附定位点

开发关联比附定位点就是要从竞争者角度出发，在竞争者身上寻找突破点，同时又要与其相关联。当产品处于弱小的地位而竞品处在市场领导者地位时，开发这种关联比附定位点能突出产品的地位。

比如"全国销量第二"肯定了竞品的地位，也突出了自己的成绩。把爆品与竞品关联起来，突出自身的某个优势和长处；树立自己专业专精的特点，与竞争对手的多元化产品形成对比。如"买空调，找格力"。不仅在营销上要树立专业形象，产品也要做到名副其实。

从品牌识别与品牌主张的角度挖掘定位点

品牌是一个完整的统一体，从内容到形式，从风格到文字，再到与之相关的图像、音乐，以及品牌所传递的精神内涵和价值观都是统一的。品牌识别和品牌主张都是相对稳定的，所以爆品定位点可以从品牌识别和品牌主张的角度去挖掘。

从品牌识别与品牌主张的角度挖掘定位点，可以从以下四个方面进行：

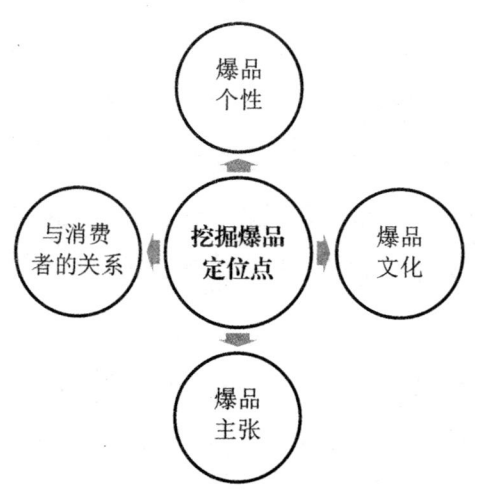

```
           ┌──────┐
           │ 爆品 │
           │ 个性 │
           └──────┘
              ↑
┌──────┐   ┌──────┐   ┌──────┐
│与消费│ → │挖掘爆品│ ← │ 爆品 │
│者的关系│   │ 定位点 │   │ 文化 │
└──────┘   └──────┘   └──────┘
              ↓
           ┌──────┐
           │ 爆品 │
           │ 主张 │
           └──────┘
```

◎ 从品牌个性出发

在竞争激烈的红海市场中，各个品牌和产品百花齐放，这就要求产品要有独特的个性。秉持和发展个性具有特殊的价值和意义。品牌个性体现了品牌的内涵，凸显了品牌的价值，是品牌形象的核心，是最能体现差异化、最活跃的部分。

品牌的个性有可能是在发展过程中自然形成，也有可能是创立之初就已经确定。品牌与众不同的个性可以作为爆品的定位点。例如路虎的纯正、胆识、探险、超凡，雅诗兰黛的华丽、高贵、典雅等。品牌的个性是不可模仿、独一无二的，通过强化和传播，成为爆品的定位点来源。

◎ 从品牌文化出发

品牌文化是指品牌经营中的一切文化现象，以及文化特质在品牌中的积淀。品牌文化是品牌的文化内涵，其中蕴含了深刻的价值内涵和情感内涵，表达品牌要向消费者传达的价值观念、生活态度、审美情趣、个性修养、时尚品位和情感诉求。

品牌文化的成功塑造，能使爆品效用和品牌精神达到统一，能满足消费者更高层次的需求。对品牌而言，产品是身体，品牌文化则是精神、是灵魂。企业可以从品牌文化中寻找爆品的定位点。

比如，必胜客用"欢乐餐厅"的概念传达品牌定位，消费者享受到的是不断推陈出新的美食、明亮整洁的餐厅环境和欢乐愉悦的心情。全世界最大的食品制造商雀巢有一句品牌标语——"好食物，好生活"，不仅有功能，更有情感，与品牌形象紧密相连，定位于健康、欢乐和家庭。

◎ 从品牌主张出发

品牌主张是企业向消费者传达的核心价值观，是品牌的市场承诺，表明品牌的一贯立场，表明品牌极力满足消费者的某种需求，表明品牌存在的价值。品牌主张在塑造品牌的过程中具有十分重要的作用，品牌主张是营销活动展开所围绕的中心点，其中包含了爆品定位的重要要素。品牌主张有个性化、多样化的特点，也并不是一成不变的。

◎ 从品牌与消费者的关系出发

我们常把消费者比作"上帝"，爆品的定位始终是面向"上帝"的。品牌与消费者的关系反映品牌对消费者的态度，包含着许多可供爆品定位的要素，比如真诚、欢乐、友爱和帮助等。

谷歌作为全球市值最高的企业之一,定位"做最好的搜索引擎",旨在为用户提供最好的搜索服务。它还有另一句品牌口号——"不作恶",表达其永远向用户提供最客观搜索结果的立场和承诺。始终以用户为中心,造就了谷歌的成功。

爆品定位的步骤

为了获得清晰、准确的爆品定位,必须遵循一定的程序。一般来说,一个完整、清晰、有效的爆品定位需要经过以下几个步骤:

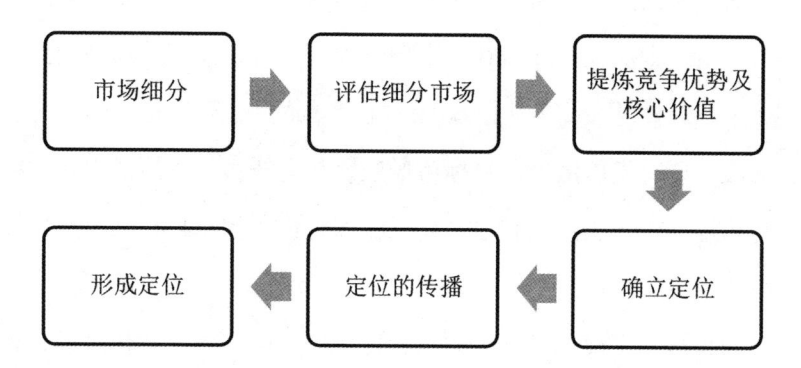

市场细分 → 评估细分市场 → 提炼竞争优势及核心价值 → 确立定位 → 定位的传播 → 形成定位

第一步:对市场进行细分

1956年,美国市场学家温德尔·史密斯提出一个概念——市场细分。什么是市场细分呢?所谓的市场细分,就是根据消费者的需求,把原本规模过大的市场分成若干个小市场,然后确定自己的目标市场在哪里。细分市场后,就要求企业对各种区位因素进行调查和分析,比如消费者需求、地理位置、自然资源、消费习惯等等,然后把特点相同的人归为一类，从而形成总市场下的分市场。

细分市场后，企业想满足消费者的需求就便利多了，更有利于爆品的研发和推广，迅速占领市场。企业在细分市场时，有以下四个原则需要注意：

第一，**市场的特征可以量化**。要求细分市场具有明显的特征，并且这些特征能够量化。细分市场之间要有明确的差异性，细分市场内部成员要具备共同的需求特征，并表现出相似的购买行为。

第二，**必须是企业能够进入的市场**。企业所选择的细分市场必须是企业能够进入的，企业能在其中发挥资源优势，也有能力去占领该细分市场。否则，该细分市场就不应该作为目标市场。

第三，**企业要可以盈利**。企业进入的细分市场应当具有相匹配的规模和需求量，即能让企业盈利。市场规模过小，企业打造爆品无法保证利润；市场规模过大，企业根本无法打造爆品，白费功夫。

第四，**要有发展潜力**。目标市场应该具有较大的发展潜力，才能为企业打造爆品带来长远的利益。如果将即将饱和的市场作为目标市场，就没有多少潜力可挖。

市场细分除了要遵循以上原则，还有一定的程序。具体来说，有以下四个操作程序：

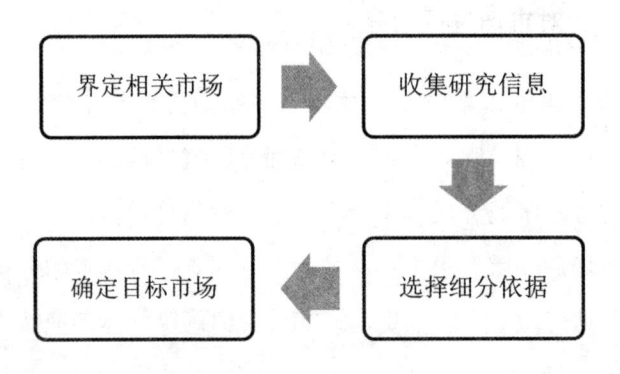

界定相关市场 → 收集研究信息 ↓
确定目标市场 ← 选择细分依据

界定相关市场。 一个爆品，绝大多数的销售量都是由一小部分的目标消费者创造出来的。而每一位消费者都是独特的，界定相关市场就是为企业所推广的爆品或服务确定目标消费群体。在确定消费群体时，必须分析自身的优劣势，结合爆品线的宽度、顾客类型和地理范围给自己做界定。

收集研究信息。 可搜集同类爆品的信息，来作为新爆品市场细分的参考；也可以对消费者进行取样调查，来检验市场细分策略是否有效合理。

选择细分依据。 选择细分依据时，企业必须结合自身的情况加以创新，注重差异化，体现竞争优势。设计最佳的细分依据，企业可以参考以下方法：

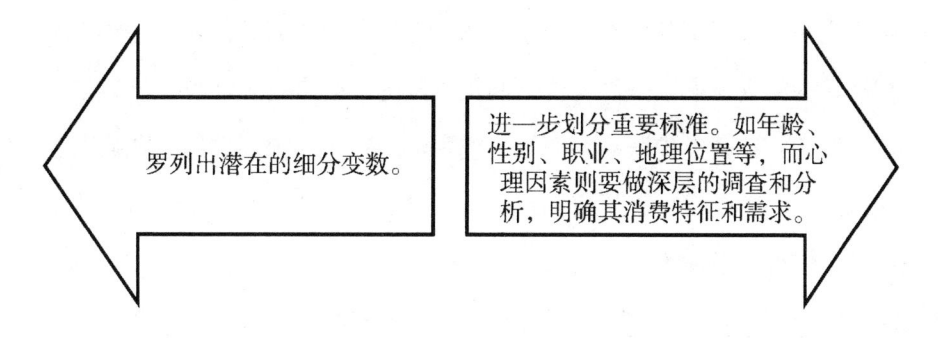

⬅ 罗列出潜在的细分变数。

进一步划分重要标准。如年龄、性别、职业、地理位置等，而心理因素则要做深层的调查和分析，明确其消费特征和需求。 ➡

确定目标市场。 经过市场细分，总市场被划分为若干个细分市场或子市场。而企业必须要对它们进行筛选，一个企业做完所有的市场是不现实的。筛选一般从两个方面来考虑，一是细分市场的自身特征，二是企业本身的目标和资源。

第二步：对细分市场进行评估

确定爆品定位的第二步就是对细分市场进行评估。评估需要根据相关要求，要重点考虑以下三个因素：

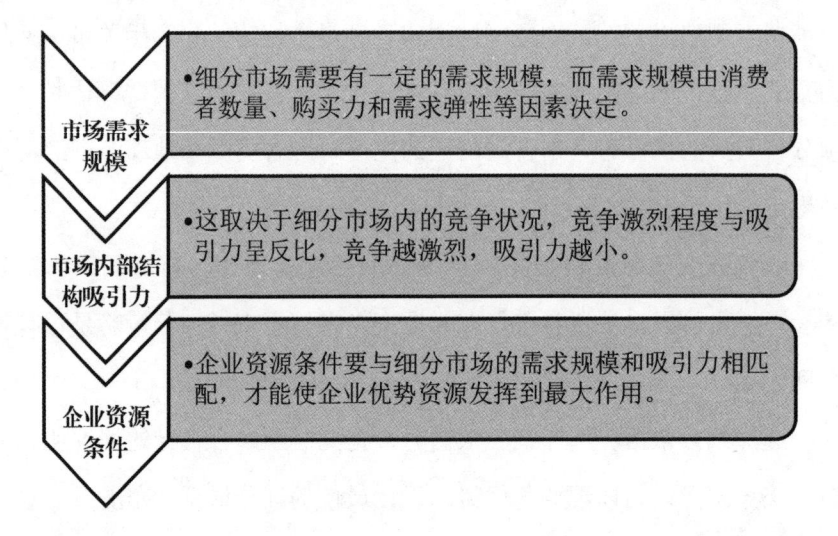

- **市场需求规模**：细分市场需要有一定的需求规模，而需求规模由消费者数量、购买力和需求弹性等因素决定。
- **市场内部结构吸引力**：这取决于细分市场内的竞争状况，竞争激烈程度与吸引力呈反比，竞争越激烈，吸引力越小。
- **企业资源条件**：企业资源条件要与细分市场的需求规模和吸引力相匹配，才能使企业优势资源发挥到最大作用。

以北京日化三厂为例，细分市场之初，按消费者性别、年龄和收入把日化消费市场细分为若干个子市场。之后又通过调查得知，中年人对护肤品的需求长期以来没有得到满足，因为当时市场上还没有抗衰老、抗皱纹的雪花膏类护肤品；而且人们生活水平不断提高，愿意花钱购买该类产品。于是日化三厂研制投产了新产品，这款新产品出来后就成了爆品，取得了很好的市场效果，大受欢迎。

第三步：提炼爆品的竞争优势和核心价值

爆品本身应该具有核心竞争力，要成为爆品就必须明确产品的差异化竞争优势，通过这种优势提炼出爆品的核心价值，并将其根植于消费者心中。

关于明确爆品的竞争优势，我们要关注三点：竞品、消费者和企业本身。关注竞品的定位，关注消费者的需求，关注企业本身的资源。将这三者研究透彻，进行交叉比对，企业就能明确自己的竞争优势。

我们能找出许多竞争优势，是不是每一个优势都值得去开发呢？当然不是，爆品的竞争优势可以有很多，但值得开发的竞争优势需要满足以下几个条件：

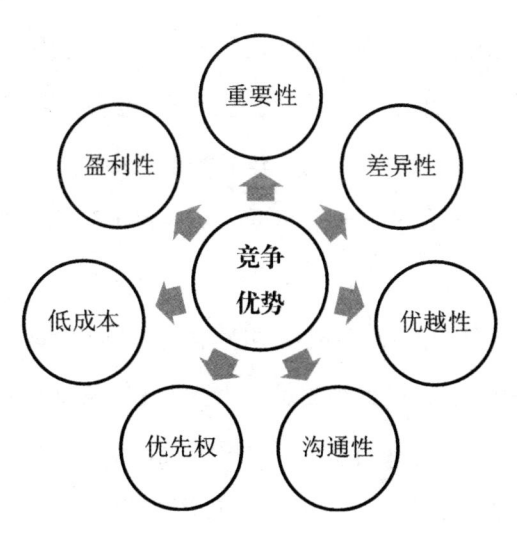

```
        重要性
    盈利性    差异性
        竞争
        优势
    低成本    优越性
        优先权  沟通性
```

重要性——能给足够数量的消费者带来足够的利益；差异性——是其他企业无法提供的产品或服务；优越性——能提供更大的利益和更多的便利；沟通性——对于消费者来说是易沟通且可见的；优先权——不容易被竞争者模仿抄袭；低成本——该竞争优势开发成本低；赢利性——开发该竞争优势是有利可图的。

第四步：爆品定位的确立

爆品定位的确立，是通过对各个定位点的优化组合和筛选来实现的，爆品定位的主张应该做到准确、简明。

针对这一点，我们来看看三只松鼠的案例：

三只松鼠可以说是时下最火爆的零食品牌，其目标客户是80、90后的年轻人。这些年轻人熟悉互联网，有主见，追求时尚，喜欢尝试新事物，懂得品味生活，并且喜欢网购。

从命名开始，"三只松鼠"就十分重视目标客户特点。"三只松鼠"的CEO章燎原说："现在互联网的主流群体以85后为主，他们很年轻，因此，我们的品牌名称必须要既好记又好玩。什么食物能够集这两个特点于一身呢？动物是个不二选择，于是'三只松鼠'就这么诞生了。"

除此之外，"三只松鼠"的外包装和卡通形象也十分符合目标客户的定位。三只小松鼠的样子十分可爱，颜色也很鲜艳，着装时尚，而且每一只松鼠都有自己的名字，有其独特的性格特点。

松鼠小贱，有一点点"屌丝"的气质，又萌又贱，符合现代社会"屌丝"人群的心态；松鼠小酷是一个技术宅，喜欢搞发明，尝试新鲜事物，可以说是宅男宅女的缩影；松鼠小美，温柔美丽、活泼可爱，是年轻女性的化身。如今，这三只松鼠逐渐占领了年轻人的零食柜，并且，三只松鼠网络还设立了品茶、赏花、看书、写作等专区，又吸引了一大批年轻女性前来围观。

第五步：品牌的传播

爆品定位确立以后，还必须进行有效的传播，爆品才能壮大发展。先有定位，才有传播。传播是向消费者表达这一定位，让消费者认识、理解直至接受爆品的定位，使爆品所传递的价值观和精神内涵与消费者产生心灵的共鸣。

爆品定位的传播有广告、产品包装、营销渠道和公关等多种途径，互联网时代的传播途径更加多样化。其中广告是最传统、最主要的传播途径，它通过画面、文字和声音，让消费者最快速地接收到讯息，立体地展示了爆品定位。

爆品定位通过多种渠道传播后，不断向目标消费者传递信息，不断加深印象，提升爆品在消费者心中的形象。

第六步：爆品定位的形成

爆品定位的形成最终取决于消费者，消费者定位是真正有力的定位。爆品想要通过定位在消费者心目中占据独特的位置，希望在消费者心目中有价值。所以我们说定位是否成功，只有消费者才有发言权。

消费者对爆品越认可，对爆品忠诚度越高，爆品的定位就越成功、越稳固。企业只有把握住消费者，不断强化与消费者的联系，引导消费者认识爆品、感受爆品价值，才能取得成功。

爆品的成功定位能很好地树立品牌形象，提高企业竞争力。而只有能经受住市场考验的定位才是成功的定位。

第 3 章
卖点——爆品的卖点如何提炼

对于想要打造爆品的企业或商家来说，提炼爆品的卖点是一件很头疼的事。其实，提炼爆品的卖点很简单，问一问用户真正喜欢的是什么？我们的爆品又能提供什么？爆品的卖点提炼，说白了，就是和用户的心理不断进行博弈的过程。

什么是爆品的卖点

"爆品卖点"四个字看似简单，却常常让人摸不着头脑，它既看不见也摸不着，更难以把握。那么，爆品的卖点到底是什么呢？

爆品的"卖点"，是指爆品与众不同的特点，可以是前所未有的，也可以是别出心裁的。

这种特点可以是爆品与生俱来的，也可以是营销策划人员创造出来的。无论这种特点是怎么来的，只要能运用于营销中，被消费者所接受和认可，就能树立爆品品牌以及创造利润。

我们也可以把"爆品卖点"当成是消费者买单的理由，而爆品的最佳卖点，就是激起消费者消费欲望最强的那个点。想要卖出爆品，就要挖掘产品的最佳卖点，这是现代营销的基本常识，也是现代企业的共识。我们已经了解到为爆品寻找卖点的重要性，那么我们怎样寻找爆品的卖点呢？

结合实际操作，我们给爆品卖点的定义是：卖点是优于竞品的满足目标受众的需求点，给交易对象一个购买我们产品的理由，只有这个理由充分了，对方才会购买我们的产品。

综合以上的内容，我们总结出的"爆品卖点"如下图所示：

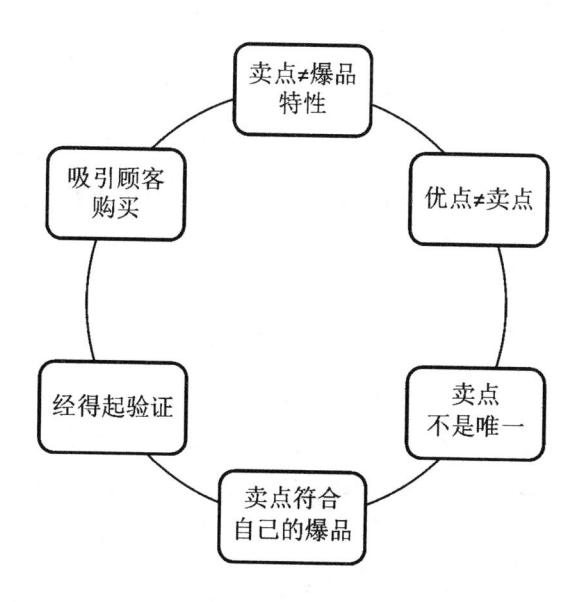

```
        卖点≠爆品
          特性
  吸引顾客            优点≠卖点
    购买
  经得起验证           卖点
                    不是唯一
        卖点符合
        自己的爆品
```

爆品特性可以是爆品卖点，但爆品卖点不等同于爆品特性。 当市场上出现一个独一无二的爆品，那么该爆品的特性就是其卖点，如专利产品。当一个爆品的某一特性被率先开发出来，而别人还不知道时，这种特性也是卖点，例如甲维盐防治害虫蓟马。但是当爆品的特性具有普遍性，即同质化时，这种特性就无法作为爆品卖点。

爆品卖点是优点，但优点不一定是爆品卖点。 如果一个爆品的某项优点是独一无二的，同类爆品并不具备这个优点，那么这项优点就是爆品卖点。而如果是同类爆品都具备的某项优点，那么这项优点就不能成为爆品卖点。

爆品卖点不是唯一，但一定是第一。 当爆品专利到期，权限放开时，它曾经的卖点也就是爆品专利，一定会被模仿和使用。当时作为第一个提出这一卖点的品牌和爆品，依然在市场上占有绝对领先的地位。因为消费者心中已经形成了深刻的印象。

爆品卖点一定要符合自己的爆品的特点。许多爆品策划人员找不到爆品的卖点，其实爆品的卖点并不是一个点，而是爆品特性的一个集合体。我们把自己的爆品生产工艺、技术、设计等特性结合起来，与其他的竞争者区分，将不符合我们产品规格的其他特性排除掉，这就是我们自己的爆品的卖点。

爆品卖点必须经得起验证。爆品卖点必须经得起验证，经不起验证的爆品卖点就会让品牌和爆品的形象受损。

爆品卖点给顾客一个选择我们的理由。假如爆品卖点是独一无二的，那么顾客必然会选择。如果爆品卖点不是第一，也不是唯一，那么可以成为顾客的第二选择。

爆品卖点是爆品营销策划和销售层面的一个点，它是爆品能否销售成功的关键点，但爆品卖点的基础还是产品。说一千道一万，产品不过关，爆品卖点再花哨也得不到消费者的认可。

提炼爆品卖点的四个要点

互联网时代人们追求简单即是美，讲求效率和简洁。无论是做产品开发还是营销策划都要简单、直接，用最直接的方式满足消费者。这里分享几个为消费者提炼爆品卖点的要点。

```
        直白
         ↑
找一个 → 爆品卖点 → 差异化
理由    的提炼要点
         ↓
        打动
        消费者
```

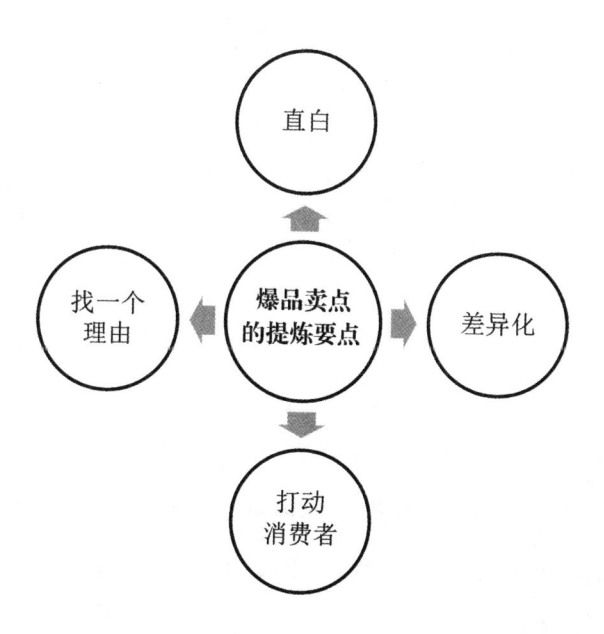

◎ 直白

爆品卖点最忌拐弯抹角，遮遮掩掩。有的企业的爆品概念含糊不清，比如国内的产品啤儿茶爽，到底是啤酒还是茶，消费者无法对产品有一个准确的认知，这样模糊的卖点就不足以塑造爆品形象。

好的爆品卖点应该是直白的，甚至是简单粗暴的。例如："怕上火，喝王老吉！""恒源祥，羊羊羊！"爆品卖点是什么，消费者一目了然。

◎ 差异化

提炼爆品的卖点一定要保证差异化，这里的差异化可以是产品独有的卖点，也可以是大家都有但竞争对手没有重视的。而且对这个差异化的点一定要进行强化。

比如市场上做凉茶的远不止王老吉一家，当药卖的话受众面太窄。但当作饮料卖，并强调"防止上火"的功能，就大受欢迎，而且与普通饮料区别开来，这就是差异化。王老吉也对差异化的卖点进行了强化，罗列出需要预防上火的多个场景，在这些场景里消费者都畅饮王老吉。

◎ 打动消费者

爆品卖点要打动消费者，消费者才愿意去传播和分享。所以爆品的卖点一定要具有说服力，要基于爆品本身，还要触动到消费者的痛点和需求点，不仅要感动消费者，还要说服消费者去买我们的爆品。这也是做爆品研发和营销策划的本源。

◎ 找一个理由

我们提炼爆品的卖点一定要找一个理由。这个理由从消费者的角度来看，就是满足了自己的哪方面需求，而且要让消费者觉得这个理由是唯一的。因为消费者大多数的时候是感性的，越是感性的消费者越是需要一个这样的"绝对理由"。

以恒大冰泉为例，投入几十亿元，却没有树立起恒大冰泉高端水的形象，在销售上也没有什么突破。究其根本，就是因为给消费者的理由不够充分，宣称恒大冰泉取自3000万年前的地下水，还提出黄金四大水源的概念。而这些都是别人使用过的、已经严重同质化的卖点，当然不能成为绝对的购买理由了。

爆品差异化卖点的提炼

爆品卖点的差异化，是指与竞争对手的卖点具有差异，是竞争对手没有的卖点，或者竞争对手尚未提炼出的卖点。我们之所以要提炼爆品的差异化卖点，是因为消费者有"先入为主"的心理。同样的卖点，先提出的一方就率先占领市场，率先赢得消费者的关注。后来的爆品如果再提出同样的卖点，就很就难打败前面的爆品。

农夫山泉之所以能在众多矿泉水中脱颖而出，正式因为农夫山泉率先提出"大自然的搬运工"这一概念，首先以"水源地"为卖点，率先在消费者心中建立了纯天然矿泉水的形象，迅速占领了市场。

真的只有农夫山泉矿泉水有天然水源地吗？一定不是的，但是它率先提炼出这一卖点，在消费者心中这就是"先入为主"。所以只要提炼出差异化的爆品卖点，就能率先赢得消费者的心。

提炼爆品差异化卖点，要分以下两种情况：

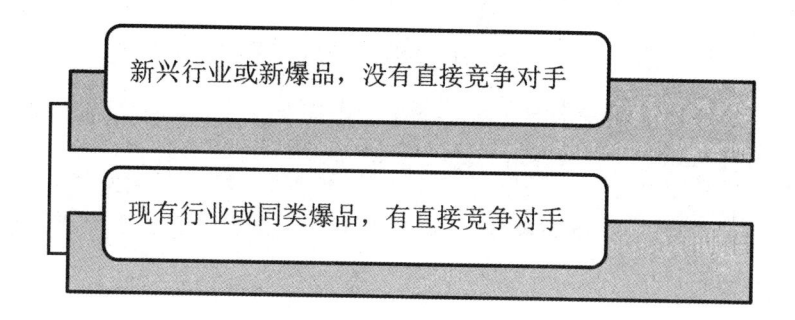

- 新兴行业或新爆品，没有直接竞争对手
- 现有行业或同类爆品，有直接竞争对手

◎ 没有竞争对手的情况下如何提炼爆品差异化卖点

这种情况下，我们无需考虑建立与竞争对手的差异，只需要找到消费者痛点与爆品功能点之间的交集，这样就自然形成了爆品的卖点。

这样的爆品卖点又被称为"功能型卖点"，没有竞争对手的爆品对消费者来说是全新的。它的功能是消费者最关注的点，产品功能点就是这类爆品的最大亮点。是不是代表功能型卖点就是现成的，就不需要提炼了呢？当然不是的。

爆品功能型卖点是从产品功能点中来的，功能型卖点一定是爆品的优点，但是爆品的优点却不一定都能作为爆品的功能型卖点。

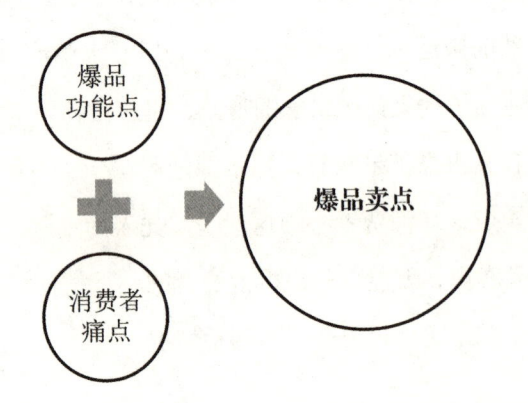

爆品功能点 ＋ 消费者痛点 → 爆品卖点

爆品的功能点不止一个，但是爆品的核心卖点却只能有一个，它一定也是最能打动消费者的卖点。爆品卖点需要聚焦，如果爆品有多个功能卖点，反而会模糊焦点，不利于向消费者推出爆品的核心功能。

爆品功能点与消费者痛点的交集点才是最核心的那个卖点，所以为爆品提炼出核心的功能型卖点，必须要挖掘到消费者痛点，了解消费者的需求，找出能直接满足消费者需求的爆品功能点，把它包装成核心卖点。

打一个简单的比方，有一款洗发水产品，核心卖点是去屑，那么它的功能点只有去屑吗？当然不是，它可以清洁、去污、去油、去屑、养发……它有如此多的功能，但是它的目标消费者饱受头屑的困扰，去除头屑是他们的核心痛点。所以，从消费者痛点立足，该款洗发水产品的核心卖点是去屑。

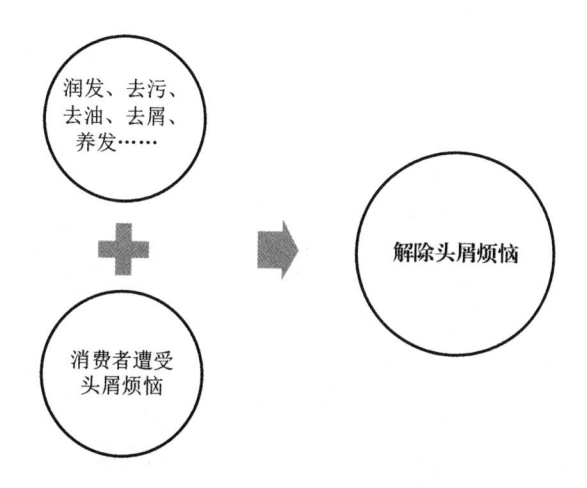

```
润发、去污、
去油、去屑、
养发……
        +                解除头屑烦恼
消费者遭受
头屑烦恼
```

不过，也有一些爆品，虽然没有竞争对手，但是它的每一个功能点都不是消费者需要的，都不能满足消费者的实际诉求。那么这个爆品自然不存在卖点，也很快会被市场淘汰。

◎ 有竞争对手的情况下如何提炼爆品差异化卖点

对企业来说，没有竞争对手的美好时光是短暂的，因为竞争是市场的常态，没有一个企业能独吞市场这块大蛋糕。面对激烈的竞争，企业应该想方设法分得更大的蛋糕，占领更广阔的市场。

在有竞争者的情况下，我们要如何提炼爆品差异化的卖点呢？

无竞争者的情况下，企业只需考虑两个因素，那就是产品功能点和消费者痛点，二者的交集就是核心卖点。而在激烈的竞争环境下，除了爆品本身和消费者以外，竞争对手也是企业要研究的重点对象。只有这样才能找到爆品差异化的卖点，形成鲜明的诉求区隔。

无竞争者的情况下，爆品卖点从产品功能点中来。而有竞争者的情况下，提炼爆品卖点除了基于产品功能，更要诠释出产品的特点。

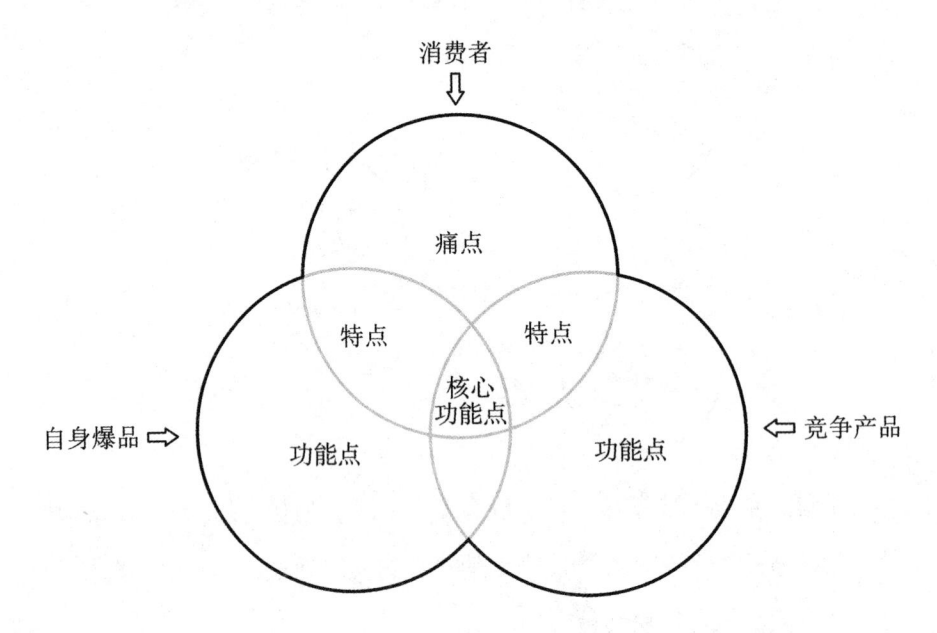

消费者 ⇩

痛点

特点　　特点

自身爆品 ⇨　核心功能点　⇦ 竞争产品

功能点　　功能点

如上图所示，我们看到自身爆品、消费者和竞争产品，三者的交集是产品的核心功能点。但是这个爆品功能却是同质化的，并不能作为任何一方爆品的卖点，因为它不具有差异化。上面我们说到，竞争环境下的差异化卖点要诠释爆品的特点。此时爆品特点与消费者所产生的交集，才是差异化的卖点。

激烈竞争的情况下，爆品的功能点只是消费者选择某类产品的理由，而爆品特点则让消费者决定消费哪一个产品。

同样以洗发水为例，两种洗发水的功能点与消费者去屑的痛点形成交集后产生核心功能点——去屑。但是去屑功能并不能区别这两种产品。那么我们再来看这两种洗发水有什么特点。一种是纯植物去屑洗发水，能满足消费者去屑不伤发的需求，不伤发就是它的差异化卖点；另一种含有灭菌成分，能满足消费者去屑防反复的需求，那么去屑防反复就是它的差异化卖点。

产品组合带来盈利

产品跟人一样，也是有生命力的，都有从成长、发展到衰退的过程。一款爆品长期占据消费市场的时间是有限的，能够经久不衰始终成为市场的宠儿更是极为罕见。因此，我们提炼爆品的卖点时，可以把产品组合在一起。

值得注意的是，把产品组合在一起并不是要求企业或商家过度追求产品品种的多样化，而是要围绕爆品这个核心去开发系列相关产品。

产品组合对打造爆品来说，有两个不容小视的作用：

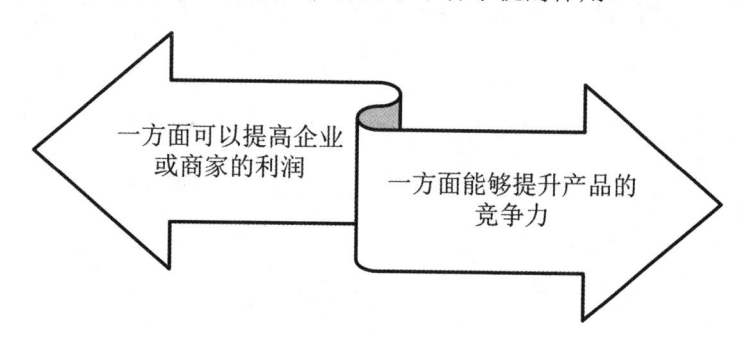

一方面可以提高企业或商家的利润　　一方面能够提升产品的竞争力

比如，核桃和核桃夹的组合、茶叶与茶杯的组合、各类产品的家庭组合套装等,这种产品组合关联度高,且是人们日常所需的必需品。本来3斤核桃只能卖60元,加上核桃夹就可以卖到70元,即为销售商增加了利润,也为消费者带去了便利。这种贴心的产品组合,还让消费者感受到了一种尊贵的一站式消费体验。

所以,只有不会打造爆品的人,没有打造不出来的爆品,只要你读懂消费者,消费者就会追随你,这样的卖点就是利用了产品组合的力量,这就是产品组合的魅力所在。

企业或商家在利用产品组合提炼卖点时,要从三个角度来进行分析:

广度	深度	关联度
●指拥有的产品线的数量。	●指平均每条产品线拥有产品项目的数量。	●指所有产品线之间的相关程度。

企业在利用产品组合打造爆品时,既要注意产品特性的关联性,更要对产品面对的客户群体、生产条件、销售渠道等方面进行分析,寻找关联性。只有这样,产品组合才能发挥其作用,才能达到最佳的组合效果。

在互联网浪潮的冲击下,打造爆品的方法更是纷繁多样、别出新裁。提炼爆品卖点是打造爆品最重要的一步,而为爆品匹配正确的产品组合,更是让爆品制胜的法宝。

那么,产品组合怎样具体实施呢?企业或商家在调整产品组合时,可以针对具体情况选用以下三种产品组合策略:

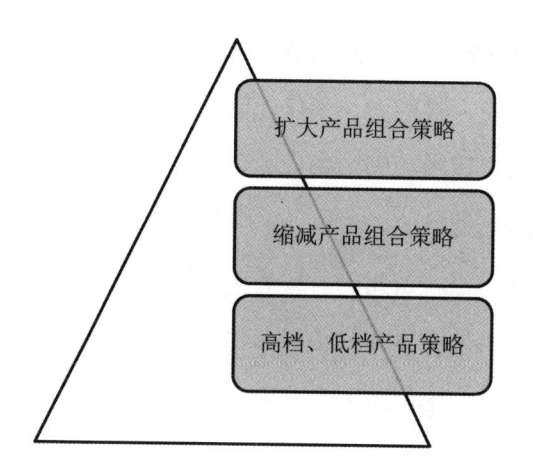

```
        扩大产品组合策略
        缩减产品组合策略
        高档、低档产品策略
```

◎ 扩大产品组合策略

所谓扩大产品组合策略,就是指通过增添产品线,扩增产品的经营范围,即开拓产品组合的宽度;或者在原有的产品线基础上增加新产品,即增强产品组合的深度。

扩大产品组合策略的具体方式可以有以下四种:

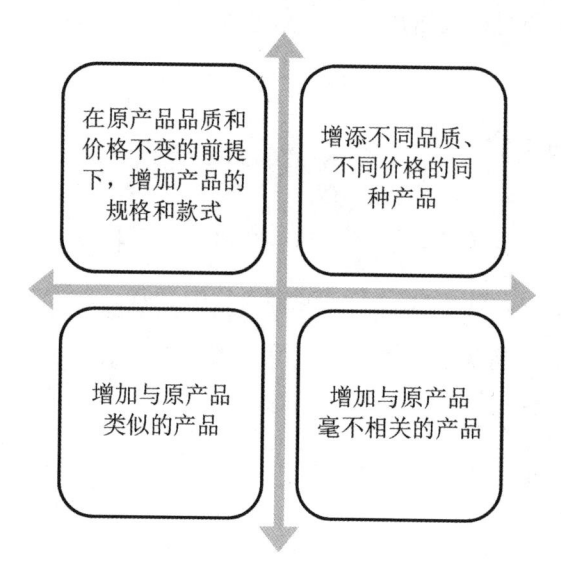

在原产品品质和价格不变的前提下,增加产品的规格和款式	增添不同品质、不同价格的同种产品
增加与原产品类似的产品	增加与原产品毫不相关的产品

不同的消费者有着不同的消费需求，同一消费者的消费需求也会不断变化。当产品组合被扩大，不仅能满足原有消费者日益增长的个性化需求，同时还可以满足不同消费者的不同偏好，从而达到扩大市场占有率和提高市场份额的目的。

手机的发展历程就是如此。从最初诞生的只能接收信息的BP机，到后面可以接打电话的大哥大、手机，再到现在智能手机的普及，正是扩大产品组合策略在一个产品上的缩影。

市场竞争的残酷和激烈，使得企业在打造爆品上也要适时进行产品升级。从宏观角度来看，扩大产品组合策略就是充分利用企业信誉和商标知名度，完善系列产品，扩大经营规模。

通过利用企业已有资源和剩余生产力，实施产品组合扩展策略，提高经济效益，分散市场风险，这种发展策略正逐步成为许多大企业争相运用的市场竞争手段。比如，吉列剃须刀现在已积极介入了化妆品的项目开发，尽管企业98%的利润都是由剃须刀产品带来的；还有生产汽车的丰田公司，同时在经营房地产业务等。

◎ 缩减产品组合策略

缩减产品组合策略与扩大产品组合策略正好相反，即削减不良的产品线或产品项目，实行优良产品的相对集中经营。对于一些获利较小、有市场风险的产品要及时淘汰，把生产力集中起来去经营那些获利较大的产品线和产品项目。

缩减产品组合策略的方式有以下四种：

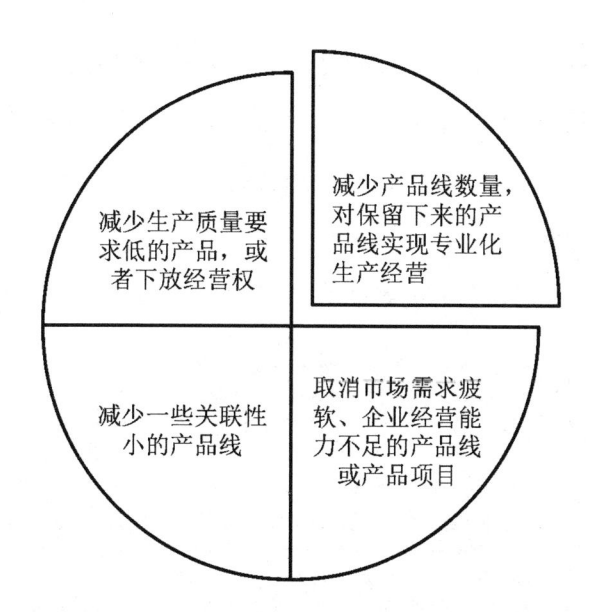

```
          减少产品线数量，
减少生产质量要    对保留下来的产
求低的产品，或    品线实现专业化
者下放经营权     生产经营

          取消市场需求疲
减少一些关联性   软、企业经营能
小的产品线     力不足的产品线
          或产品项目
```

但是，这种缩减产品组合策略一般只有企业或商家在打造爆品过程中出现困境时才会采用，有利于把有限的资源和技术集中起来进行产品的提档升级，从而提高产品的知名度。

从生产经营的角度来看，缩减产品组合会使企业走上专业化发展道路，从而提高产品的生产效率，降低生产成本，减少资金占用，加速资金周转。

◎ 高档、低档产品策略

所谓高档产品策略，就是在原有的产品线内增加高档次、高价格的产品项目；而低档产品策略，就是在原有的产品线中增加低档次、低价格的产品项目。

实行高档产品策略，主要用以满足一些高端消费人群的消费需求。高档产品的投放，很容易为企业带来丰厚的利润，提高现有爆品的知名度、提升企业的市场地位，更能促进企业技术水平的提高。

实行低档产品策略，是通过借助现有的高档产品的知名度，吸引消费者慕名来购买低档廉价产品，从而达到增加产品的消费群体，扩大消费人群的目的。

增设高档、低档产品的好处主要有以下两个方面：

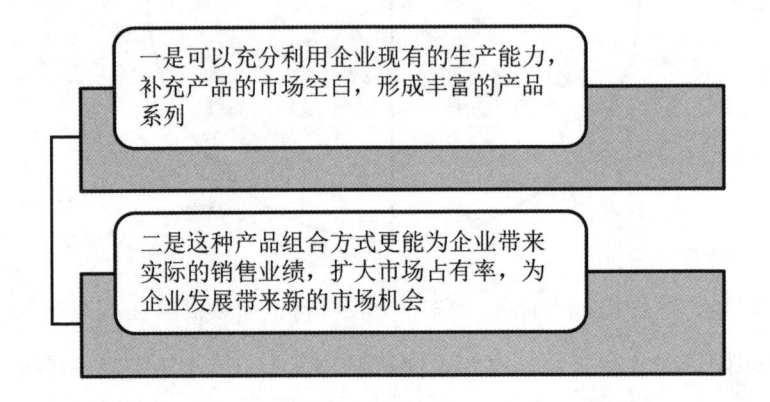

- 一是可以充分利用企业现有的生产能力，补充产品的市场空白，形成丰富的产品系列
- 二是这种产品组合方式更能为企业带来实际的销售业绩，扩大市场占有率，为企业发展带来新的市场机会

华龙方便面就是一个典型的产品案例。

华龙方便面是高中低档相结合的产品组合模式，既有低档的大众系列，又有中档的甲一麦，还有高档的今麦郎。

华龙面根据不同区域的经济发展程度的不同，推出不同的产品类型。比如在方便面竞争非常激烈的河南市场一直主推的就是超低价位的六丁目系列，它的零售价只有0.4元/包；在东北，继"东三福"之后又投放了中档的"可劲造"系列；在经济发达的北京，目前推广最高档的"今麦郎"桶面、碗面。

华龙面在同一区域也采取高中低档相结合的产品组合模式，开发不同消费层次的市场。比如在东北、山东等地都推出高中低三个不同档次、不同价位的产品，以满足不同消费者对产品的需求。

华龙面还根据不同年龄消费者推出不同的产品，如推出适合少年儿童的A－干脆面系列，适合中老年人的"煮着吃"系列等。

目前华龙方便面共有17类系列产品，10多种产品口味，上百种产品规格。其合理的产品组合，使企业充分利用了现有资源，更广泛地满足了市场的各种需求，占据了消费市场。

第 4 章
痛点——做爆品如何找到用户的痛点

找到用户的痛点一直是打造爆品的核心，痛点越大，市场的机会就越大。没有找到用户痛点，不管你的产品有多少卖点，定位有几多情怀，做工有多么精致，如果用户不需要，或者说用户的需求并没有那么多，一切都是白费力气。

什么是用户的痛点

互联网时代，我们提到最多的就是"痛点"这个词，不论是刚起步的创业者，还是商场上的"老司机"，都不遗余力地挖掘消费者的痛点。那么，到底什么是痛点呢？

痛点，顾名思义就是疼痛的地方。生理上的痛点就是身体上受到外部刺激或者打击，感到疼痛的地方；心理上的痛点，就是那些我们不想面对的，一触碰就会爆发负面情绪的点。

此处我们讨论的痛点就是消费者心理上的痛点，这个痛点让消费者产生负面情绪。一些产品生产商提供的产品或者服务不完善，使消费者没有良好的体验，让消费者心里很不愉快，这种不愉快在消费者心里埋下了一颗负面情绪的种子，这个种子，就是消费者的痛点，这也是爆品需要寻找的痛点。

为了更好地解释上述现象，我们将用户的痛点分为核心痛点和外围痛点。

核心痛点	• 这是用户最疼痛的一个原点，就仿佛一个圆，用户的痛苦和不便被聚焦到了圆心，形成了一个核心痛点。
外围痛点	• 用户的核心痛点得以解决之后，最疼痛的痛点消失，却由于更注重用户体验的新产品和服务的出现，而导致一些程度低于核心痛点的外围痛点，其痛苦指数要低很多，但也能给用户带来不小的困扰。

举个很简单的例子，蚊香的发明，消除了人们被蚊虫叮咬的核心痛点，但随之产生了蚊香难掰的外围痛点；插座面板的发明，解决了人们用电不便的核心痛点，但也导致了插口难以同时合理利用的外围痛点；坐便器的发明，解决了人们卫生如厕不适的核心痛点，同时也带来了多人共用的卫生问题（外围痛点）。

我们要打造爆品，就要找到用户的核心痛点。

比如，"滴滴打车"自上线以来，不断升级更新业务模式：滴滴出租车、滴滴专车、滴滴顺风车、滴滴快车、滴滴代驾、滴滴拼车……每次的产品升级都能迅速获得用户的欢迎，其中的原因很简单，就是抓住了用户的痛点——出行难，打车难。

想要打造爆品，前提就是要找准用户的痛点，这是每个企业和商家要解决的核心问题。想要精准地找到用户的痛点，我们需从以下四个方面入手：

充分了解竞争对手的产品和服务	详细解读消费者的消费心理
对自身产品和服务烂熟于心	充分了解消费者对行业的看法或认可度

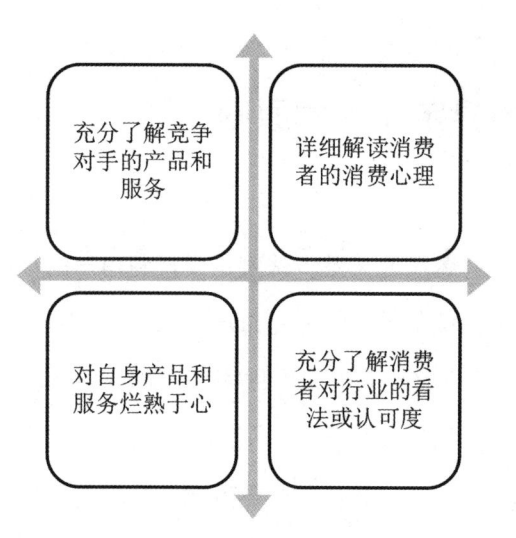

充分了解竞争对手的产品和服务。想要打造爆品的企业或商家不仅要将自己的产品彻底吃透，还要了解竞品的特性，将其同自己的产品做

一个深度对比，熟知各自的优势与劣势。

详细解读消费者的消费心理。 除了常规的市场调研、用户访谈外，想要打造爆品的企业或商家可以将自己作为超级用户，换位思考，设身处地地体验一下自身产品、服务的整个消费流程，自己给自己找问题，发现消费体验中的问题。

对自身产品和服务烂熟于心。 要真正了解产品的构成、性能、优势、劣势等所有细节，不能简单地说"我的产品是最好的""我的产品是独一无二的"等根本没有明确产品特性的语言，必须给用户一个可信的产品特性介绍，或者是直接拿数据说话。

充分了解消费者对行业的看法或认可度。 了解用户对行业、企业、品牌、价格、服务、体验等方面的态度，综合分析企业所处的地位，查找不足，并思考如何改进。

用户痛点的界定和基本原则

前文讲到打造爆品的关键步骤就是要找到用户的核心痛点，这是打造爆品的基础。在竞争激烈的红海市场，用户的核心痛点未必会显于表面，表面上的痛点也容易被竞争对手发掘。深层次的痛点，往往隐藏着用户最本真的需求，要找到这类痛点，必须把思维放在和用户同样的高度。

在挖掘用户痛点时，我们首先要考虑：产品的目标用户群是什么？产品能给他们带去哪些价值？能够满足用户哪些最强烈的需求？

因此，痛点界定主要包含以下三部分内容：

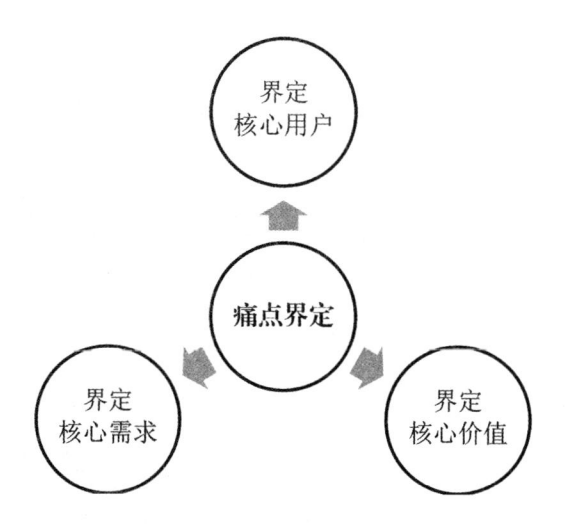

```
        界定
        核心用户
          ↑
    痛点界定
     ↙    ↘
  界定       界定
  核心需求    核心价值
```

界定核心需求。用户的核心需求是什么？他们选择什么途径来满足自己的核心需求？爆品能够在多大程度上满足用户的核心需求？和竞品相比，在满足用户核心需求上有什么优势？

界定核心价值。我们的产品优势在哪里？是质量过硬，还是服务周全？我们能为用户创造什么价值？能提高用户的生活质量，还是缓解用户的工作压力？

界定核心用户。要准确清晰地描述企业要服务的用户群，列出他们的基本属性和行为特征。

以下几条原则，对于用户痛点的挖掘有很强的指导意义：

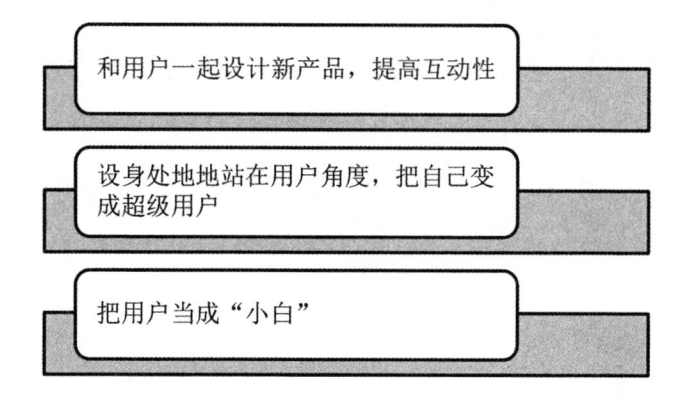

- 和用户一起设计新产品，提高互动性
- 设身处地地站在用户角度，把自己变成超级用户
- 把用户当成"小白"

和用户一起设计新产品，提高互动性。用户是最佳的产品经理。痛点往往隐藏在用户的建议里。让用户参与新产品的设计，能更准确地找到用户的痛点。

设身处地地站在用户角度，把自己变成超级用户。只有自己亲身体验产品，才能真正体会到广大用户在使用产品时的酸甜苦辣。这个过程必须要下笨功夫、苦功夫，没有捷径可走。

把用户当成"小白"。简单来说，"小白"用户就是什么都不懂的"菜鸟"用户，经常提出一些简单、初级的问题。马化腾曾经说过："要像'小白'用户那样思考，并每天高频使用产品，不断发现不足，一天发现一个、解决一个，就会引发口碑效应。"

在百度热搜中找痛点

在百度竞价推广中，开设推广账户的企业需要设置一些搜索关键词，这些关键词的一个重要来源是百度搜索自动匹配的常见搜索问题。

举个例子，在百度搜索框输入"SUV"，系统就会自动弹出"SUV销量排行榜""SUV口碑排行榜"等热门搜索问题。

根据这些热门搜索问题，我们就可以在竞价推广账户中设置一些符合用户搜索偏好的问题，如"销量最高的SUV有哪些""口碑最好的SUV有哪些"，进而增加展现率和点击率。

这个方法也可以运用到找痛点上。

可以在百度搜索框输入产品名字，对应的热门问题就是该产品的痛点。比如搜索"路由器"，那么，搜索框会根据用户搜索的大数据统计结果来自动匹配最常见的搜索问题。结果显示"路由器怎么设置""路由器怎么连接无线网络"的搜索问题最多，我们就能得知用户在使用路由器时的最大痛点是不知道怎样设置、怎样使用。

小米公司发现了用户的这个痛点，研发了爆品小米路由器，设置极其简单，只需要进行三步"傻瓜式"的操作，只要会使用电脑的用户，都能轻松完成操作，因而大受欢迎。

在搜索引擎中出现频率最高的问题往往有以下四种：

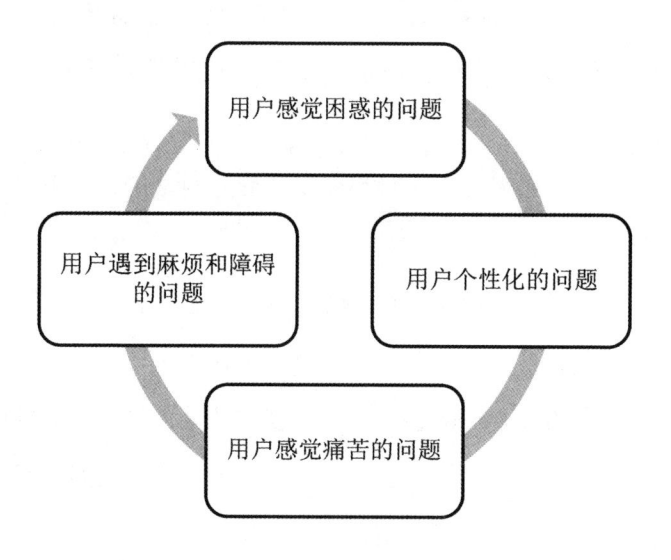

- 用户感觉困惑的问题
- 用户个性化的问题
- 用户感觉痛苦的问题
- 用户遇到麻烦和障碍的问题

这些问题反映的是用户在日常生活、使用产品中的痛点所在，也是他们最渴望去解决的问题。

在用户评论中找痛点

以往,食客想找一家品质、环境都不错的餐厅,只能凭借口碑相传或亲自去体验。如今,大众点评网之类的本地搜索和城市消费门户网站诞生后,就变得简单多了。网站上几乎罗列了所在城市所有类型的餐厅。

最重要的是,上面有以往消费用户的点评,点评内容包含餐厅环境、交通便利度、消费标准、服务质量、口味等,具有很高的参考价值。

这种用户点评模式,后来被很多电子商务网站借鉴,用户可以对网上购物经历作出评价。

消费者在网上购买某项商品之前,除了要看性价比之外,绝大多数人都会参照以往顾客的购物评价。不论是在京东、当当、亚马逊,还是淘宝、天猫,都不例外。甚至,人们在去往某家餐厅、咖啡馆、电影院、KTV、台球厅、游泳馆、健身房、游乐场、旅游景点消费之前,也会在大众点评网之类的第三方网络平台上先收集、查看一下大家对其评价的好坏。这些评论会直接左右客户的消费行为。

用户评论一方面是消费者赖以参考的标准,另一方面是打造爆品、寻找用户痛点的一个天然数据库。

关于如何找痛点,春水堂创始人蔺德刚分享了这样一条经验:"通过深度阅读数据可以发现很多用户需求。我们曾在聚划算做过一次活动。我花一晚上看用户评论，300条用户评论基本在二三十字以内。有人说震动给力，有人说尺寸合适，有人说包装隐蔽性好……我一一拆解评论要素并归纳总结，最终发现了用户购买震动器的核心关注点，所以用户数据深度分析尤为重要。"

试想一下，我们自己在网上购物或线下商家消费后，会写评价吗？会在什么情况下写评价？相信更多是出于以下这两种情况：

第一，对商品特别满意，超出了自己的期望值，心情激动之余给商家留了个好评；

第二，对商品极度不满意，心情愤恨，立马给商家一个差评以泄愤。

不论是好评，还是差评，或是中评，都是值得想要打造爆品的企业或商家用心去研究的。

- 好评反映的往往是产品带来的兴奋点，是让用户最满意的地方。
- 差评反映的往往是用户的吐槽点和痛点，是让他们最不满意的地方。
- 给出"中评"，说明用户不痛也不痒。

好评反映的往往是产品带来的兴奋点，是最让用户满意的地方。通过分析好评，可以看到产品的卖点所在，然后不断围绕用户好评中的诉求点，去提炼优化营销方案；同时可以看到竞品的优势所在，吸取其所长，也能有效规避跟竞争对手的核心优势硬碰硬。

差评反映的往往是用户的吐槽点和痛点，是让他们最不满意的地方。差评一般不会是商家刷出来的，可靠度更高，可以说是用来分析、发掘用户痛点的一个神器。将用户对产品（服务）的差评筛选、归类，进行轻重缓急程度排序，一定能够找到用户的痛点，进而对产品、服务或相关体验进行针对性的完善。

给出"中评"，说明用户不痛也不痒。中评过多，也值得营销人员注意，用户之所以不痛不痒，是因为企业产品既没让他们失望，也没给他们带去惊喜，没有亮点，也没有明显的不足。其实，这也是缺乏竞争力的一种表现，一旦用户遇到更具性价比的产品，就会弃之而去。

UCD法：找痛点的秘密武器

UCD是"以用户为中心的设计"。

社会在不断发展，人们的需求也在提升，因此人们对各种产品的功能和服务要求就越来越高，新的痛点也层出不穷。用户对产品的需求已经从产品本身上升到使用体验，不光要"能用"，更要"好用"。

传统的设计理念以"产品"为核心，用户的需求没有得到满足，也将逐渐被市场所抛弃。互联网时代，激烈的市场竞争和用户的不断成长，需要企业以"用户"为中心进行爆品设计和营销。

使用UCD法进行爆品设计时，强调从用户的需求、痛点和感受出发，以用户的痛点和需求为导向进行爆品设计，在注重"产品的物化"的同时，更关注"产品的人性化"，让产品去满足用户，而不是让用户去适应产品。从产品的使用流程、交互方式、产品结构和产品操作等方面充分考虑用户的使用习惯、情绪感受和对产品的预期。

UCD方法，一方面可以减少用户的压力和抱怨，能够有效提升爆品竞争力；另一方面，用户参与设计的过程，本身也是一个发现用户痛点的过程。

用UCD找用户的痛点的步骤如下图所示：

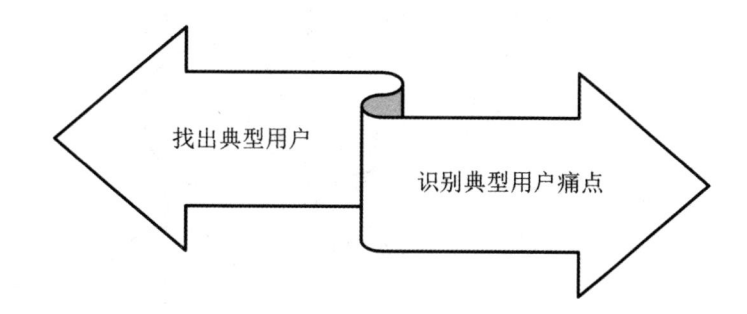

找出典型用户　→　识别典型用户痛点

◎ 找出典型用户

企业往往存在海量的潜在用户，让每一个用户都参与设计，逐个考察用户的痛点和需求，不太现实。一个行之有效的方法是找出有代表性的典型用户，将大量的碎片化用户痛点和诉求进行简化，将痛点集中到典型用户身上。

比如，小米选择的典型用户是发烧友，在进行爆品设计和用户体验优化时，重点考虑对产品有着重度研究的发烧友的需求，这样既能够给发烧友带来深度体验，同时又能满足普通"小白"用户的基本需求。

如何找到典型用户呢？

交互设计之父Alan Cooper最早提出了"用户画像"的概念，他认为："用户画像是真实用户的虚拟代表，是建立在一系列真实数据之上的目标用户模型。"在今天互联网的网络电商时代，用户的消费行为都有迹可循，我们可以通过消费的内容、渠道、频率、时间、额度、品质等数据对用户进行精确的画像。以此寻找到用户的偏好、需求和痛点。

典型用户画像应包含以下元素：

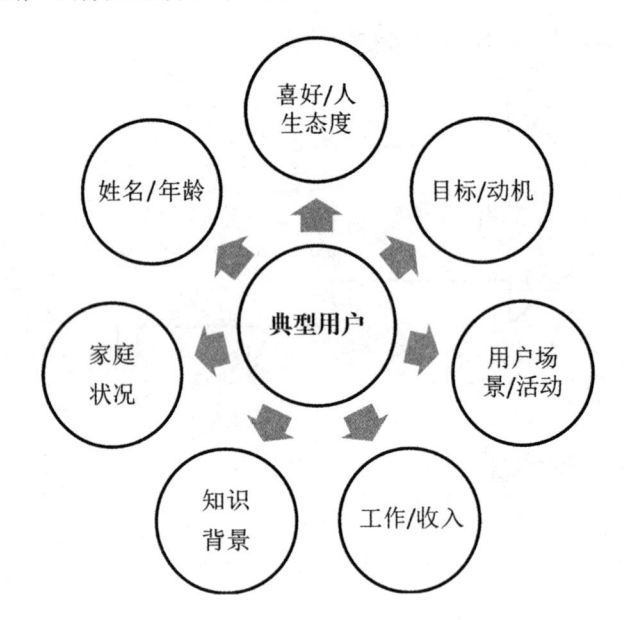

```
        喜好/人
        生态度
姓名/年龄        目标/动机
        典型用户
家庭              用户场
状况              景/活动
        知识    工作/收入
        背景
```

◎ 识别典型用户痛点

典型用户的需求（痛点）通常会用三种形式表达出来——意图、语言和行为。

举例来说：

小孩子饿了，为了表明这个意图，他可能会说："我饿了，想吃点东西。"也可能直接说出："我想吃汉堡。"也许什么都不说，自己直接找到某种食物，拿起来就吃。

假设小孩子是我们的用户，我们要做的就是根据以上信息找到他的痛点和需求，给他提供合适的食物。

当他什么都不说，抓到东西就吃时，需求最容易满足。

当他说"我要吃点东西"时，如果给他提供了面包，他通常会有三种反应：很满意抓住就吃；很排斥，因为他其实想吃别的东西；虽然不情愿，但还是吃了，不过心里不高兴。

当他说"我想吃汉堡"时，如果能直接满足他的需求，他就会很满意，否则就会不高兴。

从这个小例子可以看出，用户表面的语言和意图，有时反映的并不是他们的真实需求，特别是中国用户受传统中庸哲学的影响，往往比较含蓄，通常很少能够直接、准确地说出自己内心的真实想法。

而行为则不然，人的行为往往是内心世界的反映，往往难以掩饰、作假，通过仔细观察研究用户的行为，再配合用户的意图和语言，能够更好地识别他们的痛点。

找风口：站在风口，猪也能飞起来

想要精准地找到痛点，就必须先找准风口。"风口"这个词来自于小米雷军说的一句话："站在风口，猪也能飞起来。"

关于如何找风口，一些成功打造爆品的企业家说，过去他们会看新闻联播，研究国家政策，看看外国公司有没有出新产品，关注竞争对手的动向。现在，这些方法他们还在用，但是成与不成就要看运气了。

那么，到底该如何找到风口？关键还是在"痛点思维"。站在用户的角度看，"风口"就是"全民痛点"。现在已进入互联网时代，假如你能找到一个全民痛点，你离成功打造爆品就不远了。

就拿"Snapchat"来说吧。

"Snapchat"的创始人叫埃文·斯皮格尔，一个如假包换的90后，就是这个90后的小年轻，成了腾讯马化腾的"心腹大患"。"Snapchat"的公司市值已经超过100亿美元，而斯皮格尔个人的资产更是达到了15亿美元，妥妥的人生赢家。

斯皮格尔的"Snapchat"对用户来说可以说是既奇葩又正中下怀。"Snapchat"在国内被翻译为"阅后即焚"，是一个以图片为主的沟通工具。你给好友发一张图片，对方看了之后几秒钟就被系统自动删除了。并且，对方看照片时还得一直用手按着屏幕。为什么呢？为了防止被截图。假如不小心被截图了，Snapchat会告知照片的发送者，后果自负。

对于这款爆品,很多人用"点杀"来形容它。"点杀"原本是指足球比赛中一方依靠点球战胜对方的结果。但是这里的"点杀"是一个网络词汇,意思就是说,把一个产品的一个单点做到极致,一样可以绝杀对手。

正是因为精准的"点杀",使斯皮格尔成为最年轻的亿万富翁。传统工业时期,企业很难凭借一个单点克敌制胜,但是互联网时代不一样,讲究的就是单点切入。

说到这里,很多人可能会感到匪夷所思,"阅后即焚"这个痛点竟然价值100亿美元?很多打造爆品的企业家都不太懂为什么会这样。

为什么"Snapchat"这么炙手可热?因为斯皮格尔抓住了一个全民痛点:年轻人的社交图片分享。把这个点做到极致,做到完美中的完美,做到别人无法超越,这就是斯皮格尔打造爆品的成功之处。

"阅后即焚"有两大痛点人群,一是高中生,另外就是女性。

根据统计,"Snapchat"的使用高峰期为上午9点至下午3点,这个时间段刚好是学生上课的时间。美国的一些高中禁止学生上课时使用Facebook,这就为Snapchat提供了发展温床,学生们可以在上课时随心所欲地发送图片而不会被留下证据。

Snapchat的女性用户大约占到总用户数量的70%。其中一个原因就是女生喜欢自拍,还喜欢把自拍传到社交网站上,这是一个普遍现象,但是Snapchat降低了女生上传自拍的心理压力,既不会被反复评头论足,又能一展风采。

最重要的是,用户的好奇心被无限放大,一旦玩起来就很难自拔了。据统计,现在Snapchat每天图片的上传量接近4亿次,几乎是

Facebook和Instagram每天照片上传量的总和。一个新的分支行业正在崛起——阅后即焚的社交网络。

就算Facebook和Twitter都推出了阅后即焚功能，但也没有冲击到Snapchat。因为斯皮格尔把阅后即焚做得太极致、太完美了，最重要的是，他把熟人之间这种爆料性沟通做得痛点太大、太有黏性。

什么叫风口产品？Snapchat就是典型的风口产品。

通过爆品"阅后即焚"的打造过程，我们可以提炼出来三个找风口的方法：

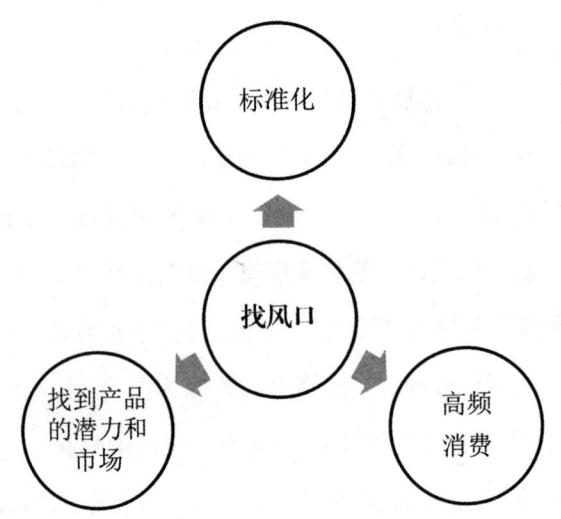

```
        标准化
          ↑
        找风口
        ↙    ↘
找到产品        高频
的潜力和        消费
  市场
```

◎ 找到产品的潜力和市场

找风口，我们首先要找到产品的潜力和市场，这也是很多打造爆品的企业或商家把风口放在人们衣食住行上面的原因，因为衣食住行衍生的产品潜力和市场都非常大。

就拿APUS这个案例来说吧。

APUS是一个桌面产品，创始人叫李涛，他曾经是360公司的副总裁。李涛说："我当初对市场有一个清晰判断：2014年下半年，中国互联网将迎来一次重大转折。未来只有两条路可选：一是深化进入到垂直细分领域，如O2O、P2P等生活服务；二是全面进军海外，2006～2014年，中国8亿用户已被充分开发，互联网产品过度满足中国市场需求。相反，海外是个巨大的风口，俄罗斯、巴西、印度、东南亚等新兴市场比中国互联网落后2～5年，拥有20亿～25亿智能手机用户，是中国市场规模的三倍以上，但整个市场供给量不到中国的1%。"

看到了这个风口，李涛非常激动，迅速提出了辞职，放弃了360公司优厚的待遇。

经过对海外市场的分析，李涛找到了解决他们的痛点的方法：软件要小。为什么呢？原因在于，海外大部分用户的手机都是千元以下的智能机，手机内存很小。有的手机APP动不动就十几MB，有的甚至几十MB，但是APUS只有1MB，并且为了追求产品简单，APUS摒弃所有手机桌面采用的双层结构，选择做单层桌面。

APUS一经上线即取得了强烈的反响，第一周就获得了100万用户，一个月内用户量达到1000万，三个月内用户量达到4000万，一年内APUS获得了近2亿的用户。

◎ 标准化

依照标准化，我们大致可以把产品分为三类。

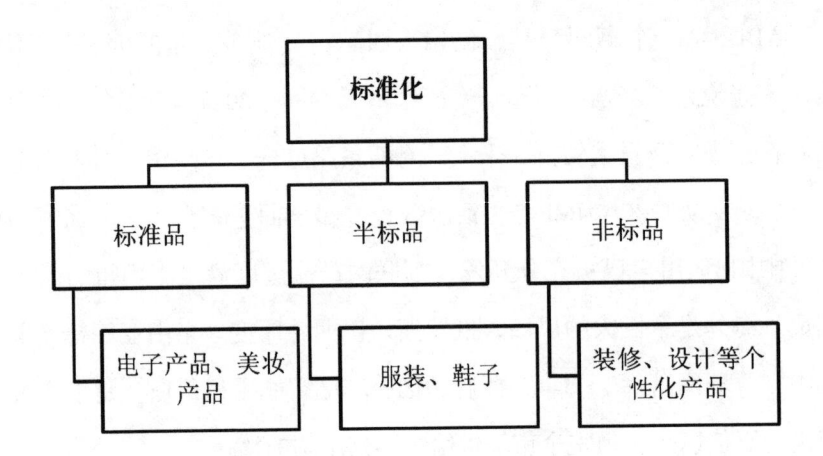

```
                    ┌─────────┐
                    │  标准化  │
                    └────┬────┘
         ┌───────────────┼───────────────┐
    ┌────┴────┐     ┌────┴────┐     ┌────┴────┐
    │  标准品  │     │  半标品  │     │  非标品  │
    └────┬────┘     └────┬────┘     └────┬────┘
    ┌────┴────┐     ┌────┴────┐     ┌────┴────┐
    │电子产品、│     │         │     │装修、设计│
    │美妆产品  │     │服装、鞋子│     │等个性化  │
    │         │     │         │     │产品      │
    └─────────┘     └─────────┘     └─────────┘
```

目前很多传统的线下产品都是非标品。如何把非标品做成标准品，很关键。但困难程度也显而易见。

"爱空间"是一家互联网装修公司。室内装修在过去都是非标品，很难在互联网上打出一片天下。但是"爱空间"就找到了这样一种标准化的方式——699元/平方米，"一键装修"。

◎ 高频消费

要找到用户高频消费的需求点，并迅速占领用户入口。"高频打低频"也是比较常见的互联网游戏规则。

我们通过一个案例来了解一下——"饿了么"和"美团外卖"的竞争。

说美团是国内的"团购之王"当之无愧，万万没想到，半路杀出来个"饿了么"，专做外卖，给了美团一个下马威。

过去，外卖市场并不被人看好。因为做外卖的基本上是一些小店、夫妻店，一份外卖平均才十几元钱，每一单挣的钱太少。

但是，"饿了么"看中了这个外卖市场的巨大潜力，因为"外卖"

这件事情在生活中的消费频率实在是太高了。"饿了么"由上海交通大学的4名大学生创立，自成立9年时间来，一直把注意力放在高校里。事实上，高校里的外卖市场非常巨大，因为学校食堂根本满足不了学生的需求；学校周边的餐馆种类繁多，物美价廉，也需要一个发布信息的平台。

美团的单笔外卖价格虽然高，但是使用频率低。美团的创始人王兴算了这么一笔账："中国有13亿人，每天3顿饭就有40亿顿饭，他要么在家吃，要么送上门来。即使10%的比例就有4亿次。"于是，美团开始了外卖反击战。

也可以这么说，外卖做大了，顺便做团购，很容易实现"高频打低频"。

找痛点的最关键行动法则：找一级痛点

找到风口后，就能打造爆品吗？

不一定。实际上，有些公司就算找到了风口，也并没有成功。比方说，现在有很多企业都涉足O2O，O2O就是一个风口，但是真正做成功的有几家呢？想要做成功，关键在于增加用户黏性。也就是说，留不住用户，就没有未来。因此，找痛点的最关键行动法则就是找"一级痛点"。

那么，什么是"一级痛点"呢？

用户的痛点也分等级，就像一个金字塔，金字塔的顶端是一级，往下以此类推。在顶端的就是用户需求最强的点，也就是最能影响用户购买力的那个点。

我们再来看看爆品余额宝的故事。

余额宝于2013年6月正式上线，在短短5个月之内，余额宝让天弘基金扭亏为盈，成为资产规模全国前十；一年之后，用户数量破亿；两年之后，余额宝的资金规模超过7000亿元，成为全国第二大货币基金。

但是，最开始这个痛点却被忽视掉了。

在余额宝上线之初，清华大学五道口金融学院的廖理副院长在陆家嘴金融论坛上曾这么说："我叫我的学生在余额宝上投了1000块钱，结果第二天多了1毛8分钱。"全场哄堂大笑，笑声里透露出看不上。

余额宝的爆炸性发展，就是因为这个"一级痛点"找得十分准确——草根人群也能理财。也是为草根人群"量身定制"。归纳起来，余额宝有以下两个"一级痛点"：

简单操作 ＋ 高额回报 ＝ 余额宝

操作简单。随着智能手机的普及，手机可以解决我们大部分基本生活需求，点外卖、购物、打车，现在还包括投资。余额宝的整个投资过程在手机上就能轻松完成，绑定支付宝账户，轻松几步就能完成，又简单又迅捷。天弘基金团队还设置了一个客户体验师团队，专门负责站在客户的角度"找茬"。除了余额宝，这个团队还体验其他同类产品，为余额宝提供宝贵的经验。

高额回报。余额宝让草根人群也能参与高回报的理财。余额宝的成功,就是因为打开了"草根人群"这个市场,传统的金融理财都是大额投资,有的产品不愿意服务这些"草根"客户,觉得本金太少,没有投资的意义。但是余额宝不仅服务"草根人群",而且回报还不低,余额宝早期的回报率达5%。

"一级痛点"虽然威力大、地位高,但是并不好找,需要我们练就一双火眼金睛。那么,我们到底应该如何找到一级痛点呢?

用户的一级痛点分为以下三个层次:

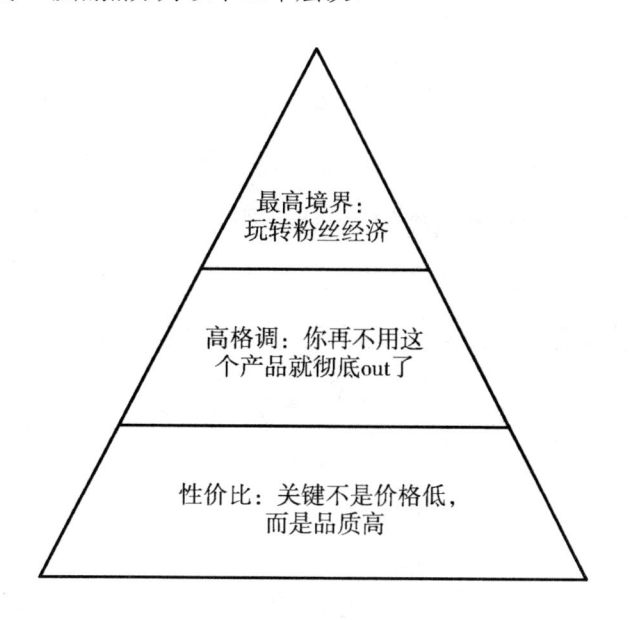

```
         最高境界:
         玩转粉丝经济

       高格调:你再不用这
       个产品就彻底out了

     性价比:关键不是价格低,
          而是品质高
```

◎ 性价比:关键不是价格低,而是品质高

大部分消费者都希望买到既便宜,质量又好的产品,这就是消费者的"贪"。贪便宜换句话说就是"性价比",性价比是用户一级痛点的一记绝杀。然而,"性价比"的关键不是价格低,而是品质高。

在互联网时代,低价甚至免费层出不穷,甚至有的企业还打出购物补贴的招数。小米插线板就把"性价比"做到了极致。这也是小米生态链中的奇葩产品之一，就是这个不起眼的小插线板，却成为一个爆品。

小米插线板于2015年4月首发，仅仅3个月的时间，这个插线板的销量达到100万只，一年销量预计1000万只。小米插线板的操盘人是林海峰，他是突破电器的前高管。2013年突破联手小米一起做插线板。同年年底，林海峰和雷军一起商讨插线板的产品定义。最初，插线板的定义是雷军确定的，一个词：美轮美奂。

小米插线板光外观设计就花费将近7个半月的时间。但是雷军的"美轮美奂"并不局限于外观好看，内部拆开后要同样好看，为此小米插线板内部电路板和电器元件的设计全部推倒重来。当时市场上带USB插孔的插线板一般都在100元钱以上，小米的目标定价是144元钱两个。

怎么样才能把"性价比"这个点做到极致呢？

首先，外观要好看。在我们眼里外观设计就是画画图纸，安排孔型排布。但是并没有这么简单，画完图纸紧接着就要做首版、打模具等等，还要结合抛光等因素，最后才能判定这个产品的外观是否好看。每次完工还得经过内部评估，这又拉长了工期。

讨论孔型排布和细节时，主要围绕"3+3""3+4""2+4"三种模式展开。最终确定为"3+3"模式，原因是"3+3"排布均匀，外观相对好看，如果多一个孔，视觉效果不佳。

其次，体型要小巧。插线板要求内外兼修，外观设计和内部结构要相辅相成。外观想要简洁小巧，离不开内部零件的精简。如果按照传统插线板的做法，想要做到体积小巧，难度是非常大的。

过去静电路与结构设计没有相互配合，排列距离普遍超过50厘米。为了达到安规距离，结构设计必须挡住元器件，使排列距离从50厘米缩短到30厘米。同时，在符合安规的前提下，力求电源线做得最细、最软。最终结构设计工期比外观设计更长。

最后，使用要安全。许多插线板拔插顺畅是因为没有保护门，增加保护门虽然让插拔变得困难，但是安全性也提高了，特别是对儿童，降低了触电的可能性。因此要发力加强开关安全性，简单的开关不能提升安全等级，必须做到三合一：开关、指示灯、过载保护。

普通插线板只能承受"220V、10A"的用电环境，所以要严格控制电器的使用。假如同时在插线板上使用大功率电器，超负荷的电压很容易使电路板变形，减少电路板的寿命，因此过载保护显得尤为必要。

小米插线板集这三个优点于一身，价格只要49元，可谓是"性价比"的典范。

◎ 高格调：你再不用这个产品就彻底out了

"性价比"是绝杀，但是高格调更胜一筹。什么叫格调？简单来说就是品位，换句话说，就是你再不用这个产品就彻底out了。

我们常说的情怀就是一种格调。我们来看两款爆品电影——《后会无期》的情怀是文艺，卖点是"坏孩子"；《小时代》的情怀是90后，卖点是"友情"。在情怀上，《后会无期》更胜一筹。

爆品要的不只是情怀，还得有硬体验。硬体验是格调的通行证，也是重要的分界点。情怀只是一种感觉，但是格调需要载体。

那要如何打造产品的格调呢？

最简单的方法就是高颜值。

苹果是全球最擅长打造格调的公司，苹果手机的高格调也无以伦比。苹果提升格调的一个重要手段就是精美的产品外观。除了铝合金的金属外壳，还有一个优点，就是薄。

其实，现在市场上的电子产品在硬件上已经没多大的差异了，在这种情况下，该如何拉开产品差距呢？只能在外观上下功夫。苹果做到了"薄"。

苹果打造了一个"超薄生态链"，改善硬件组合实现"超薄"，这个任谁都学不会。比方说Apple Watch，它最大的特点就是取代了一部分iPhone的功能，减轻了手机的工作负担，使iPhone的电力更持久，因此下一代iPhone会更薄。这一点，安卓手机只能望尘莫及。

但是，"格调"和"价格"是成正比的，格调越高，价格也就越高。我们可以来看看Beats耳机的案例。

大家对Beats这个品牌一定不陌生，它常常出现在不少名人的街拍里。但是Beats和性价比完全不沾边，就是因为格调高，价格不菲。

有不少网友讲述了自己对Beats耳机的感受，他们觉得大多数耳机只是一个传递声音的工具，但是Beats不一样，外观非常亮眼，手感也很好。戴着他们家的耳机上街，似乎整个人也变得大牌了，浓浓的格调扑面而来。

但是并不是所有人都喜欢Beats，埃弗里经过拆解分析后发现，Beats耳机的材料费用只有17美元。还有不少网友都拿出证据证明Beats耳机质量差，物料廉价。但是Beats似乎并不care，谁让Beats有格调呢。

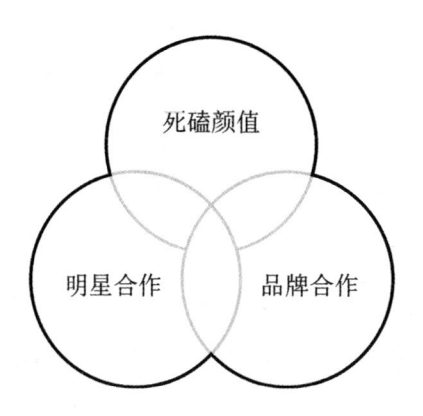

```
        死磕颜值

   明星合作    品牌合作
```

死磕颜值。Beats之所以如此受欢迎，是因为它顺应了时代的发展，在这个看脸的时代，重质量不重外表依然会被市场淘汰。技术优势显得不那么重要了，设计和品位变得越来越重要。一个产品，大部分用户只会使用不到一成的功能，花好几万元买个耳机回来，只有少数人才会体验全部功能。对大多数人来说，格调才是最实在的。

和明星合作。Beats耳机可谓是抱得一手"好大腿"。为什么这么说呢？安德烈和吉米在娱乐圈工作多年，他们深知明星效应的力量。他们和各路明星合作，将Beats耳机植入电影、MV以及各种活动中。还有不少明星出街就把Beats耳机挂在脖子上，频繁出现在记者的镜头里。他们还推出明星合作款，更加扩大了Beats耳机的知名度。

和品牌合作。除了抱明星的大腿，Beats还抱品牌的大腿，给自己找背书，提升自己的品牌价值。比如，惠普笔记本就和Beats合作，在笔记本的键盘上有一个Beats红键,可以改善音效。再比方说,克莱斯勒300C的车上装载了Beats By Dr. Dre 10声道音响系统。

◎ 最高境界:玩转粉丝经济

找准一级痛点的最高境界就是玩转粉丝经济。把用户变成粉丝始终是企业的一件重要工作。小米在这方面做得很好,小米的饥饿营销就是一种驱动粉丝的机制。能够驱动粉丝的是特权,而饥饿营销的背后就是一种粉丝特权。

如何玩转粉丝经济呢?有一个方法很实用,即"100个铁杆粉丝"。就是说,先找到100个铁杆粉丝,赋予他们粉丝特权,然后激活他们。

小米刚开始做MIUI时,就是靠100个铁杆粉丝。据小米黎万强介绍,他们早期在各大论坛寻找资深用户,好不容易找到了1000人,又从这1000人里选出了100个超级用户,让这100个超级用户参与MIUI的设计、研发和反馈。这100个人就是MIUI的星星之火,他们把这100个人称为"100个梦想赞助商"。

这就像滚雪球一样,100个用户也许只是个小雪球,但是这100个用户能够影响其他用户,这个雪球由此越滚越大,用户就会越来越多。

找用户不难,难的是维护用户。有条件的企业可以利用各大论坛,条件欠缺一点的,QQ群、微信群也是不错的选择。

第 5 章
尖叫点——如何制造爆品的尖叫点

尖叫点是互联网时代打造爆品、赢得消费者的最重要的一个环节,它与用户的痛点连接在一起,成为爆品的一种思维模式。

什么是爆品的尖叫点

找到用户的痛点之后,企业就要针对这个痛点在爆品上打造让消费者为之激动的尖叫点。

什么是爆品的尖叫点?

所谓爆品的尖叫点,就是指要有用户口碑。简单地说,就是在爆品刚面市的时候,在还没有任何营销广告介入的情况下,靠用户口口相传的口碑就能让爆品有销量。打造爆品,最困难的就是从没有销量到有大批销量,这是前期最重要的阶段,也称冷启动阶段。

小米副总裁黎万强曾经说过:"产品是1,营销是0。"就是说只有当爆品品质过硬,让消费者尖叫,配合适当的营销手段,爆品的影响力才能被放大到10倍甚至万倍。

在互联网时代,销售模式和过去传统的相比大有不同,在线上的销售中,爆品直接被挂到网上,厂家直接发货,省去了很多中间环节。这样的情况下,更是需要爆品的品质过硬,否则再好的营销也是无法将爆品的销售做起来的。

雷军在创立小米的时候,金山过去的运营模式带给了他很大的启示。他反思之后提出了一个观点,那就是"要用好的思维方式经营产品"。

中国许多的企业,在很长的一段时间里,对好的爆品都是可遇而不可求的,一些存在很大问题的企业,往往做的比谁都多,但是却没有一个好的结果。一周7天恨不得每天都工作12个小时，结果还是没有效果，就觉得是员工不够好、能力跟不上，就开始各种培训、洗脑。但是企业从没有想过把要做的事情精减，现在的互联网时代里，追求的是高效。

爆品战略跟传统企业做产品存在很大的区别，其中重点就是尖叫指数。传统的企业也会想办法让用户尖叫，大多采用的都是营销手段，例如打折、满赠、免费体验、请明星站台促销等。

如何在互联网时代制造爆品尖叫点？我们总结出一个尖叫点法则，其中包含以下三个内容：

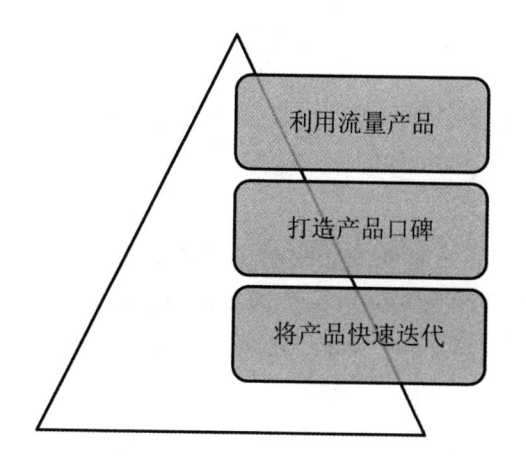

```
利用流量产品

打造产品口碑

将产品快速迭代
```

在下面的章节里，我们将围绕这三个内容告诉大家如何制造爆品的尖叫点。

利用流量产品制造尖叫点

如何提高爆品在互联网上的关注流量，是每一个企业感到烦恼的问题。

开辟渠道是传统企业提高流量的方式，但是在互联网时代，光靠渠道提升流量是远远不够的，必须要紧密贴合互联网。

什么样的产品是流量产品？流量产品必须要符合以下两个原则：

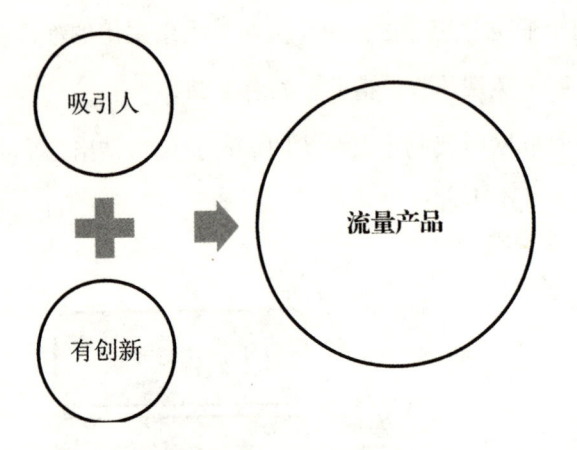

吸引人 + 有创新 → 流量产品

设计流量产品是制造爆品尖叫点最重要的一步，也是最开始的一步。那么，如何设计流量产品呢？这里有两个核心技巧：

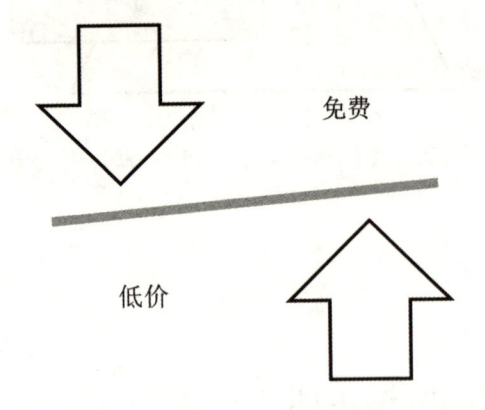

免费 ↑ 低价 ↓

◎ 免费

免费，是设计流量产品最常用的方式。比如，第一次购买免费，几乎是所有爆品企业惯用的最基本招数。比如，神州专车有一段时间就是"买100返100"，后来甚至放了一个大招，免费给所有的客户送1000元的优惠券，当然使用的时间是有限制的，每次只能用50元，而且大部分只能在接送机时才能使用。

小米的移动电源，大家都知道，10400毫安才卖69元，小米的插线板也是性价比超高，只卖49元。这些商品的价格为什么这么实惠？因为它们都是小米公司用来增加浏览量和关注度的商品，然后这些商品再带动其他产品的浏览量。

在传统企业里，宜家是设计流量产品的好手。宜家的做法很奇特，一家传统的企业，竟然能在这个电商圈中的大海啸中始终独善其身，这是非常不容易的。2013年宜家网站的访问量增长了近20%，而与此同时它线下店铺的客流量仅下降了1%。这让很多传统家具企业大跌眼镜。

宜家可谓是家居界的爆品。宜家之所以能火遍全球，成为传统家居类的佼佼者，是因为宜家有非常强悍的流量产品。宜家的产品都是经过设计师精心设计过的，高端大气上档次，很有个性。一个品牌竟然创造了一种风格——宜家风，表面上销售的是产品、装修的风格，实际上销售的是北欧那种自由轻松的生活方式。

宜家在市场调查中发现，中国地区的受访者从早上起床到出门的时间非常短，但是印度受访者却需要两个半小时，这就形成了鲜明的对比。针对这一点，宜家在中国市场的衣柜系列，推出了一款衣柜外侧配有衣架的新品。

◎ 低价

宜家很多产品的价格都非常低，这些产品在店铺里几乎是每隔几米就有一个，例如拉克桌最低售价33元、布朗达碗最低售价4件共7.9元、平底锅仅售7.9元。

爆款产品的王道不是低价，但是能带来浏览量和关注度的王道就是低价。

"流量产品"具有非常强大的杀伤力，就拿网红餐厅"外婆家"来说，每次去都得排队，一年到头没有生意冷淡的时候。外婆家是一家时尚餐厅，目标客户就是追求时尚的年轻人。外婆家的店面基本上设在人流量大的商场或者购物中心，因为这些地方是年轻人的聚集处。

在装修方面，外婆家的每一家店铺都非常有特色，比如上海的天空之城店，蓝色作为装修的主元素，整个餐厅的环境都让人很舒心，还有不同的包厢可供选择。

在菜品方面，外婆家的凉拌黄瓜只需要2元，这是许多的小餐馆也不可能有的价格。当然凉拌黄瓜只是一款爆品的极端的例子，但是外婆家的菜确实比同等餐厅的要便宜。依据大众点评网的数据分析显示，在全国多个城市的外婆家餐厅，人均消费在50元以内，对许多囊中羞涩的年轻人来说，这么一家经济实惠的餐厅的确是个不错的选择。

外婆家的创始人吴国平，对餐厅价值链的最大的改动就是：用工业化的方法做餐馆。

吴国平在做餐饮这行之前是在一家国有的生产塑料的工厂里工作，从一名普通的工人做到车间主任，一做就是十几年。而他在转行之后之所以能够很成功管理这么大的一个连锁餐饮企业,和他在工厂里工作的那些年的经验息息相关。如何让一个连锁餐饮企业做到用标准化、程序化来控制产品质量的稳定,这是最难做到的。但是在工厂流水线工作的经历就为吴国平提供了很多很好的宝贵经验。

打造产品口碑来制造尖叫点

口碑由何而来?口碑就是源自商家提供的产品或服务远超于客户预期。例如在一家没有星级的餐厅享受到三星级甚至四星级的服务,大大超出客户的心理预期,当然客户会为商家做宣传,这样商家的口碑就树立起来了。

小米科技董事长雷军认为,在中国口碑做得最好的是海底捞,他甚至让小米的有些高层去体验海底捞的服务。

在海底捞,服务员的笑容是发自内心的,而不是为了迎合公司的规定。海底捞的服务肯定不会有五星级酒店那么好,可是为什么口碑却这么好呢?说到底就是三个字——超预期。

意思就是如果你去了一家五星级酒店,他们提供五星级的服务,你觉得没什么,因为你付了拥有这个服务的钱。但是如果你去了一家三星级的酒店,却享受到了五星级的服务,你就会觉得这家酒店真不错。

所以,口碑的核心就是超预期。

那么如何才能做到让客户超预期呢?这里有三个关键点:

```
        ─── 病毒系数
      ─── 超预期的用
          户体验
   ─── 跑分
```

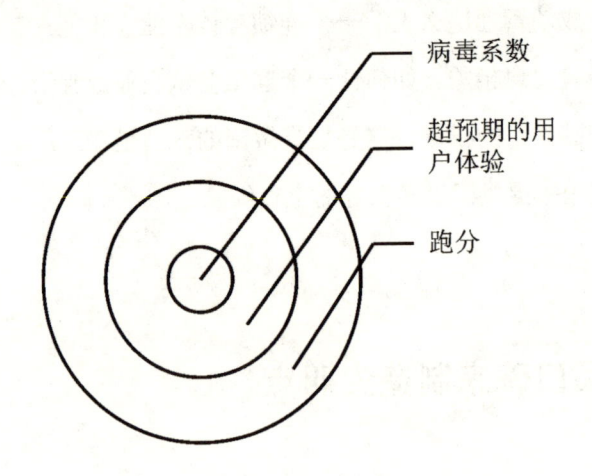

◎ 病毒系数

什么是病毒系数呢？病毒系数就是平均一个用户能带来多少个新用户。互联网上有很多昙花一现却红极一时的产品，如足记、脸萌等APP，都是找到了产品的病毒系数。

病毒系数对于传统的产品可能不重要，但是对于互联网产品却至关重要，因为互联网的特点就是发散式的传播。比如，一个叫做"小偶"的APP，就是可以在拍照时，给自己加上各种衣服、配饰，配上各种MV，还可以把自己的头像做成3D效果的画像。这是儿童最喜欢玩的APP，乐此不疲。

台北故宫博物院有一款招牌产品，是游客的必买之物。就是一个印着"朕知道了"的黄色不干胶带。这样的产品，就是具有病毒系数的产品。

北京故宫博物院也不甘示弱，在天猫上开旗舰店卖产品，有一款产品那是相当火爆，是一把有题字的扇子，题的字有"朕即福人矣""朕生平不负人""朕心寒之极"等。这把扇子买了拿在手上把玩那是相当霸气,送人也十分有新意。这把扇子的代言人是"雍正",而且还是比着剪刀手的"雍正"。

◎ 超预期的用户体验

对于软件公司来说,打造超过预期的口碑,就是要消费者用得爽。

马化腾自1998年创立腾讯,历经十几年,经历了许多风风雨雨,而腾讯屡次化险为夷,靠的就是爆品的自我拯救。在腾讯发展的过程中,经历了以下几个转折点:

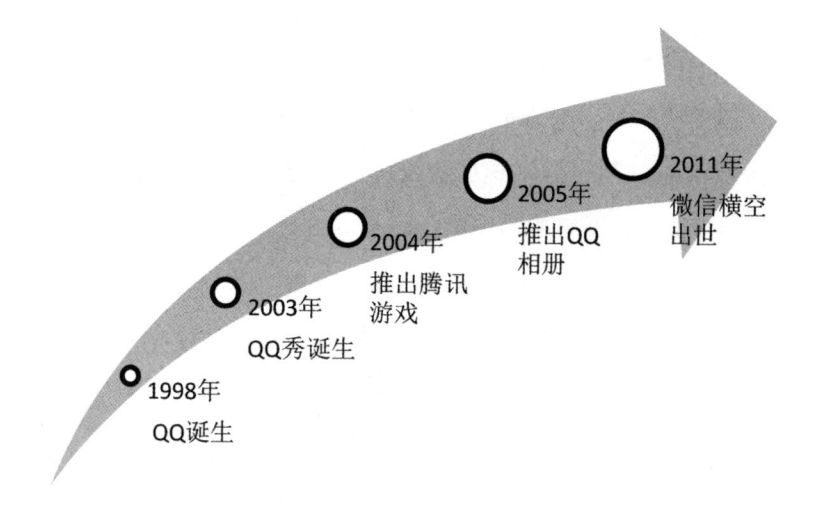

- 1998年 QQ诞生
- 2003年 QQ秀诞生
- 2004年 推出腾讯游戏
- 2005年 推出QQ相册
- 2011年 微信横空出世

第一个转折点:1998年。当时有许多和QQ一样的聊天软件,那么QQ是怎样打败其他的软件呢?马化腾找到了一个能够搞定中国用户的触点:卡通头像小企鹅。

第二个转折点:2003年。腾讯最开始是靠着中国移动的增值业务赚钱,但是这里暗藏着许多风险,因此腾讯开发了一个互联网增值服务的火爆产品——QQ秀，最终摆脱了对中国移动的依赖。

QQ秀的亮点就是炫耀。QQ秀本身是一种会员类的服务，因为大多数年轻人都有炫耀心理，开通会员后QQ的等级提升会加速，并且名字会排在其他好友的前面，这样就满足了他们炫耀的心理，觉得很有面子。

第三个转折点：2004年。当时网游大行其道，各类游戏也都有自己的忠实玩家，以棋牌类轻游和网络类重游为主。但是腾讯没有任何游戏开发的经验，在这种情况下，腾讯推出了一款网游——《凯旋》，不出所料，这款游戏失败了。后来，腾讯又推出了"斗地主"等棋牌类游戏。自此，游戏成为腾讯商业模式的最重要部分。2004年到现在，腾讯公司超过一半的收入都来自于游戏产业。

第四个转折点：2005年。那一年，Web2.0呈现，有不少新的杀手级的应用因此而生，为了应对这些应用所带来的冲击，腾讯推出了一款爆品——QQ相册，由此也干掉了另外一个竞争对手51.com。

第五个转折点：2011年。移动互联网呼啸而来，百度、阿里巴巴、腾讯也面临着由此带来的巨大冲击。腾讯又一款救世主式的火爆产品出现——微信。

2011年前后，中国互联网公司开发类似微信的产品有二三十个之多。其中米聊是第一个做微信类产品的公司，但是最后为什么它输给了微信呢？就是因为微信的创始人张小龙抓住了一个很关键的触点：让用户爽。

张小龙解释说："很多大公司，能够在技术上过关，但是在产品上缺乏一种文化，所以在用户体验环节，用户并不能感受到很爽。真正的互联网产品是技术和艺术的结合体，二者缺一不可。"

在一个线下的推广活动中，张小龙有过深刻的体验。当他向别人介绍说微信可以免费发短信和语音的时候并没有人理会，但是当说到可以搜索到附近的美女时，就有许多的男士过来咨询怎样使用。微信里的"摇一摇"功能，它的"咔咔咔"声音也是张小龙精心设计的，这种声音含有一定的暗示，当人们听到时就会觉得很爽，选择这个声音的灵感，来源于一款火爆的射击游戏《反恐精英》。

负责小米MIUI系统的小米联合创始人洪峰，他的秘密武器就是一句话——发烧友们图的就是一个"爽"字。为此，他们不惜去冒险，不惜付出代价。

为了让用户爽，MIUI采取不一样的新方式，持续、大量地对MIUI的软件体验做一些小的创新。举个例子，MIUI曾经推出了一款智能的群发产品。当时大家过年都会用短信拜年，群发的诚意就显得不足。MIUI就做了个群发时自动插入称呼的功能，比如"称呼+过年好"。当你群发短信时，它会自动把收信人的称呼加上去，如"张爱军过年好""刘庆东过年好"等。

另外，还有更改名字的功能，因为和收短信人的关系不同，所以称呼也不同，发短信时直接称呼姓名不太好。比如你给张爱军发短信，一般不会说"张爱军过年好"，因为这样没有"张总过年好"显得更好听。对于做业务的人士来说，几十上百个人逐一自动改名字有时候不一定能放心，万一电话备注的是别人的外号，放在了群发称呼上，这样给别人发过去肯定是不行的。所以在后续的不断升级中有了智能称呼这个功能。

MIUI还设计了一个私密短信入口，把短信标注成私密后，在入口上，不知道打开方法的人无论如何都找不到看私密短信，这条短信在菜单里也不会显示为私密短信。

大家用了之后都能体验到这些功能的好处。如果碰到一些朋友，向他们介绍了这些功能，然后就一传十、十传百，这就是口碑。

一个企业运营的实质就是产生价值，价值的表现方式各种各样，无非就是硬产品、软体验或者是二者的结合体。重要的是，当你推出产品或者服务时，能不能产生口碑效应。

◎ 跑分

什么叫跑分？根据百度百科的解释，跑分就是通过相关的软件对电脑或者手机进行测试以评价其性能，跑分越高性能越好。

这里讲的跑分，则是一种打造爆品的战术，是通过性能指标来突出产品的价值。

小米手机在早期就是"为跑分而生"。早期的小米一无所有，要想快速占领市场，成为爆品，只能突出一个字"快"；而想要突出快，只能依靠跑分。

跑分最直接的呈现，就是拿自己的产品性能跟竞争对手的做个直接的对比。小米电视推出时，就将小米电视2S跟夏普、索尼做了一个性能对比，直接秒杀对手。

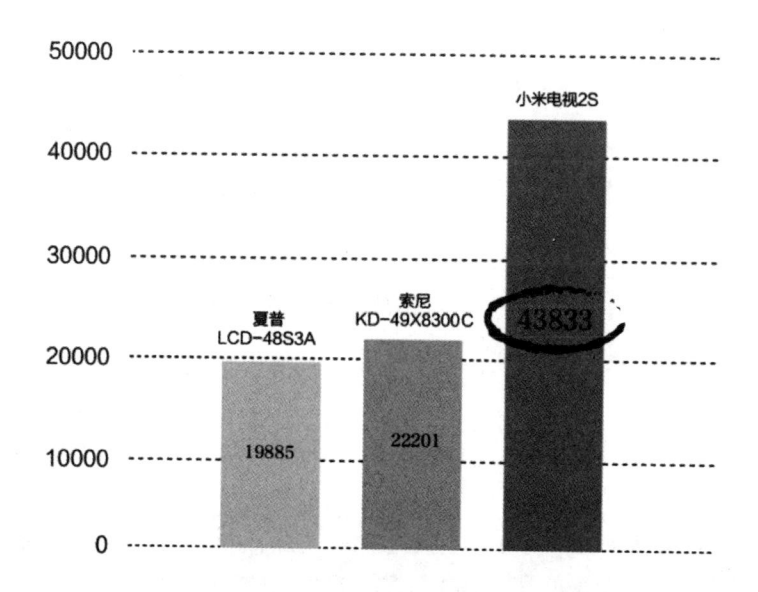

```
50000 ┤
                                            小米电视2S
40000 ┤
30000 ┤
                            索尼
                夏普        KD-49X8300C   ⃝43833
20000 ┤         LCD-48S3A
                              22201
10000 ┤         19885
    0 ┤
```

在2015年,小米推出了一款产品——空气净化器,售价899元,比此前各位网民的预期低了100元。

在空气净化器这个领域,高手如云,特别是国外的大牌不少,如IQAir、Blueair、飞利浦等。小米如何用爆品模式PK传统空气净化器?

小米空气净化器的成功,性价比是绝杀。有业内的专业人士曾表示,小米这款净化器,第一批的生产成本应该在1000元以上,而以899元推出,性价比显而易见。

但是不得不说,性价比的背后,是小米高超的跑分战术。

在跑分前,还是要找到戳心的痛点。此前,三个爸爸做空气净化器时,找的痛点是"空气净化器效果不可知"。后来豹米做空气净化器打的是"3M顶级HEPA滤网",这个痛点已经很痛了。但是小米空气净化器找到了更痛的痛点:电风扇和过滤网。另外,还有大多数消费者都存在的"选择困难症"——空气净化器新概念噱头很多,用户没法选择。

跑个分——性价比的核心不只是价格，更重要的是性能。小米做空气净化器也找到了一个性价比指标，评估CADR。这是美国的标准，就是每小时能净化多少立方米的空气。小米空气净化器的净化能力达到了406立方米/小时。

按照标准，净化能达到400CADR就属于大型空气净化器，可净化的面积在28~48平方米。小米还做了一个性价比的对比图，不找中端价位的净化器，直接跟6000多元的高端净化器做对比，如Blueair、飞利浦等。

品牌/型号	CADR值（m³/h）	适用面积（㎡）	重量（kg）	占地面积（㎡）	滤芯网价格（元）	市场价格（元）
Blueair 401B	408	28.6~48.9	15.5	0.14	598	6061
松下 F-655fCV-K	310	21.7~37.2	12.5	0.14	449	5999
飞利浦 ACPO77/00	302	21.1~36.2	11	0.068	428	4999
夏普 KC-w38OSW-W	375	26.3~45	10.3	0.11	642	4499
Blueair 303	263.5	18.4~31.6	11.9	0.11	398	4047
小米	406	28.4~48.7	8	0.068	149	899

小米这款空气净化器除了性能强之外，还有颜值高。雷军说，光打样的模具就花了1000多万元。小米联合创始人王川有一次说了一个词"优雅的解决"，就是在实用和好看上一定能找到一个点能够兼顾两者。

小米的空气净化器一上市就成了爆品，因为它的价值定位太清晰准确了。

将产品快速迭代来制造尖叫点

将产品快速迭代，就是根据用户使用过后的建议和反馈，对产品及时调整，做适当的更新迭代。现代科技飞速发展，任何一款在当下看来高科技的产品，过不了一阵子就会出现新品替代它。所以，在这样快速迭代的趋势下，没有一款产品是完美的，永远有进步的空间。

尤其是软件类的产品，打造让用户尖叫的点就是要靠快速的更新迭代。在互联网上，不论什么类别的产品，都经不起快速迭代。

比如，小米手机就是把快速迭代当作公司重要的武器之一。甚至，小米手机的操作系统MIUI，建立了一个每周都迭代的机制。这种每周迭代的设计，变成了小米一个非常重要的节点："橙色星期五"。MIUI开发版每周五下午5点发布，每个用户的小米手机系统MIUI就会升级。这个"橙色星期五"直接深刻地影响着小米产品的设计和完善。每周开发版一发布，MIUI社区的点击数都是几十万、上百万。

其实，早在MIUI升级发布之前的一周或者两周，用户会在论坛上跟产品经理、技术团队聊到底想要什么功能。然后上线测试这个功能做得好与不好，小米用户会发起投票，用户认可后才会正式放到版本更新里面去。

小米在每周五更新以后，会在下周二让用户提交体验报告，这样就能检测到用户喜欢哪些功能，讨厌哪些功能。基本每一次的用户意见征集，都有将近10几万的用户参与投票，发表自己的意见，哪些功能有问题、哪些功能做得更好，大家各抒己见。小米内部还设置了"爆米花奖"，根据用户对新功能的投票产生上周做得最好的项目，然后给员工奖励。

　　快速迭代也是一种很好的试错机制，可以迅速地校正产品的失误。小米虽然做得很成功，但是也有失败的时候。王川早期做小米盒子，曾经历过一次失误。当时，他认为首要关键是解决在线视频播放卡的问题，后来投票发现播放下载视频才是用户最大的痛点。所以，用户积极地参与能更快、更准确地找到产品痛点，也才能更好地打造出爆品的尖叫点。

第2篇 爆品运营与爆品传播

"工欲善其事，必先利其器"。在移动互联网的今天，推动爆品的方式是结合爆品思维和爆品战略而运营出来的，能够让爆品发出声音并展现爆品价值，能够让消费者参与进来并形成品牌记忆和促进购买的方式。

第 6 章
爆品运营——如何让爆品在市场上建立竞争壁垒

互联网的世界里,从来没有不需要运营的爆品,也没有可以无视爆品的运营。爆品运营是建立产品在市场上的竞争壁垒,并最终取得爆品成功的过程。爆品运营可以说是一个吃力但未必讨好的活儿,运营结果的好坏直接影响着爆品是否能打造成功。那么,什么是爆品运营?爆品运营的主要内容又是什么?我们如何做好爆品运营呢?

什么是爆品运营

对于爆品运营，网上有人戏称："爆品运营是个筐，什么都能往里装。"也有人说："爆品运营是一项贯穿用户整个生命周期的设计行为。它根据用户的需求而变化，最终完成对用户需求的实现与用户体验的完善。"

到底什么是爆品运营呢？爆品运营几乎存在于互联网的方方面面，爆品的运营方式随着爆品的变化而变化。如果一定要给"爆品运营"下个定义，那爆品运营就是运用所有能够运用的推广方法，让消费者认识爆品、购买爆品、使用爆品。

爆品的产品性质不一样，运营方式也不一样。但是运营爆品的目的只有一个——让爆品在市场上存活得更久。

我们说的"存活得更久"，是通过宣传、推广、促销活动等方式让爆品的受众变得更广；并且通过对消费者行为习惯的分析，不断完善爆品的功能，完善售后服务，从而让爆品获得更长的产品生命周期。

下面这张图就很清晰地为大家展示了"爆品的生命周期"：

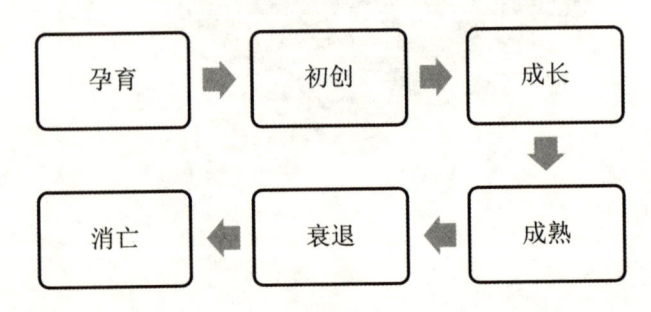

孕育 → 初创 → 成长 → 成熟 → 衰退 → 消亡

我们来具体了解一下，爆品运营在爆品生命周期的每个阶段是什么样子的。在孕育期，爆品运营已经启动了；在初创期，爆品运营有了初步的雏形；在成长期，运营人员通过推广，逐渐让爆品为大众熟知；在成熟期，爆品已经十分火爆了，运营人员努力维护着客户的稳定；在衰退期，爆品慢慢"退休"，运营人员将新品导入；在消亡期，爆品逐渐淡出用户的视野，运营人员做善后工作。

孕育期	• 运营人员应当介入产品设计，预留好运营接口，做好对应的运营准备
初创期	• 运营人员应该通过各种手段获取初始用户、培养种子用户
成长期	• 运营人员应该借助各种资源进行市场推广、开展各项活动，加速用户与销售的增长速度
成熟期	• 运营人员应当通过各种运营手段，保持用户稳定，保障销售稳定
衰退期	• 运营人员应当更多地关怀用户，并试图导入新的产品
消亡期	• 运营人员应当做好后续工作，对用户有个交代

爆品运营的核心

根据以往的爆品运营实际经验，关于爆品运营的核心，主要有以下两点：

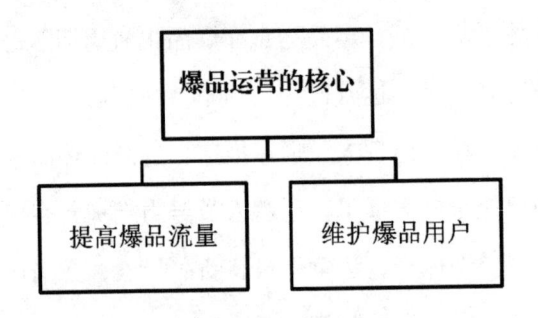

```
        爆品运营的核心
         /        \
   提高爆品流量    维护爆品用户
```

◎ 提高爆品流量

什么是提高流量？提高流量就是要借助各种方式，对爆品进行宣传、推广，促进消费者购买，提升网站的流量指标，我们经常说的PV、UV、转化率、SEO都在这个环节。

流量的重要性大家心知肚明，营销的每一个环节环环相扣，想要用户多，没有流量是万万不行的。可以说在爆品营销里，"流量不是万能的，但是没有流量是万万不能的"。流量越大，用户的转化量就越大。

但是，转化量发展到一定阶段，会进入瓶颈期，因此，持续的大流量就成为一个爆品是否能够继续发展的重要因素。

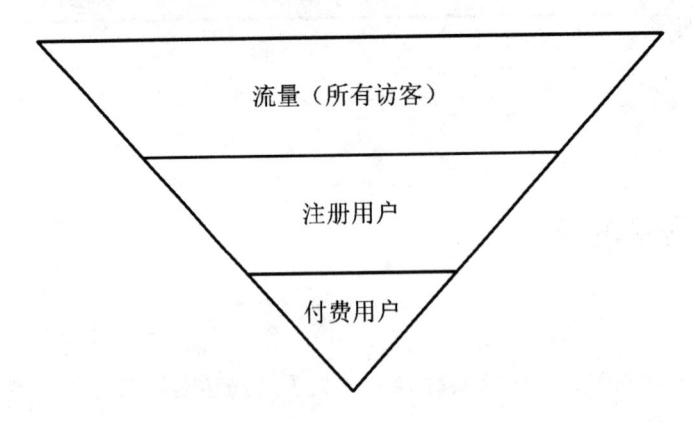

```
▽ 流量（所有访客）
   注册用户
   付费用户
```

在互联网市场里，假如你有可观数量的目标用户，那么你的转化率一定不会低，这时，对流量的要求反而不那么高了。但是我们必须得承认，不管我们有没有那么大基数的目标用户，有较大的流量，就是一件幸福的事情。

◎ 维护爆品用户

流量引来了用户，这是爆品运营的基本工作，之后如何维护用户，借助老用户发展新用户，这是运营中最重要的部分。这些用户会持续为爆品带来价值、创造收益，让爆品可以存活下去，并且越来越火爆。

经过这么长时间的发展，"用户"逐渐变成"使用者"和"会员"的合体。

爆品运营的主要内容

既然运营是一种手段，那么我们简单看一下，爆品运营工作有哪些主要内容呢？

我们把爆品运营工作中的主要内容分成以下三个部分：

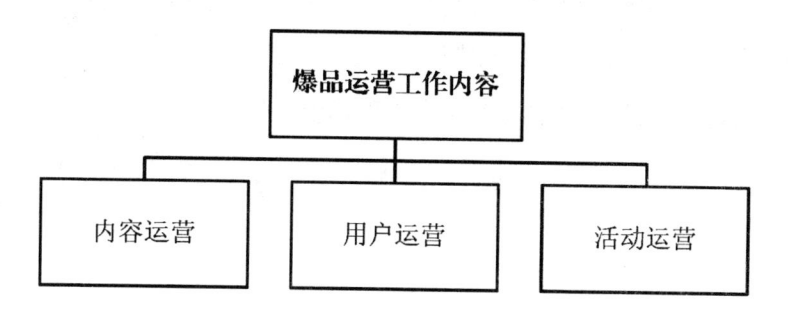

```
        爆品运营工作内容
       /       |       \
  内容运营   用户运营   活动运营
```

这三项工作内容的综合就是我们所说的"爆品运营"。接下来，我们分别对这三项工作内容做一个简单的介绍。

◎ 内容运营

我们首先弄清楚，内容是什么？"内容"就是爆品能够为消费者提供的，并且能满足消费者需求，刺激用户转化的展示。

爆品内容可以是视频、音乐、文字、图片，甚至是一句话、一个动作。现在，所有的产品都有内容，区别就在内容的类型、特点、表现方式等不一样。它们带给消费者的体验不一样，参与爆品互动的方式也不一样。

所有的互联网爆品都有内容，它们都需要进行爆品内容运营，区别在于爆品性质不一样，运营重点也不一样。

现在问题又来了，什么是内容运营？

内容运营就是指以爆品内容为主，通过编辑、创新、组合等一系列方式，打造爆品推广内容，并吸引用户的关注，从而达到推广爆品的目的，提高爆品销量。

所有的互联网爆品都需要优质的运营内容，这我们都知道，那么内容运营工作主要包含哪些方面呢？

爆品的内容运营工作至少包括以下几个部分：

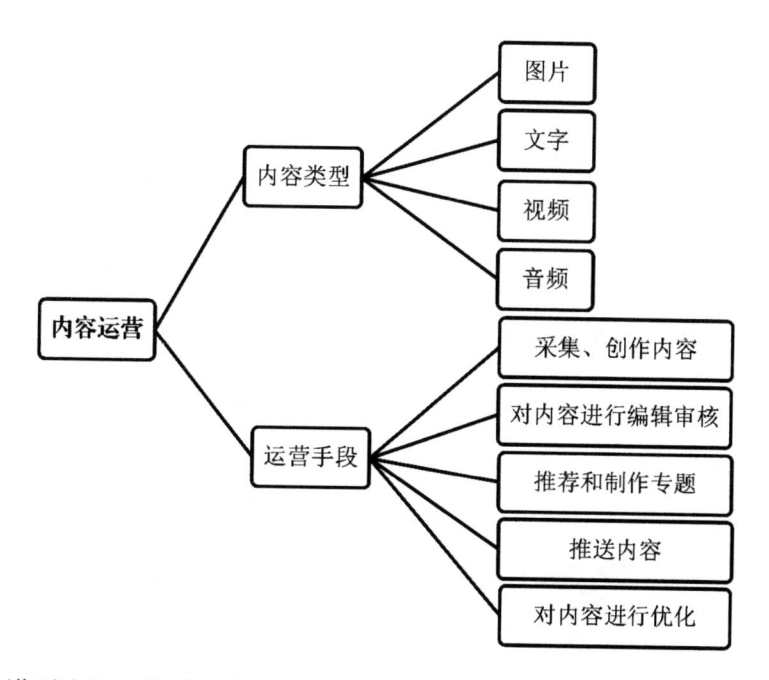

```
                    ┌─ 图片
         ┌─ 内容类型 ─┼─ 文字
         │          ├─ 视频
         │          └─ 音频
内容运营 ─┤
         │          ┌─ 采集、创作内容
         │          ├─ 对内容进行编辑审核
         └─ 运营手段 ─┼─ 推荐和制作专题
                    ├─ 推送内容
                    └─ 对内容进行优化
```

讲到这里，希望大家思考一个问题，内容运营包含这么多工作，那么核心是什么？

内容运营对文案要求非常高，它在文字水平、逻辑能力、创意能力等方面对任职人员都有一定的要求。既需要有创新的观点，但是想法又不能太新奇以免曲高和寡。同时，运营人员也要多和用户沟通，了解用户的想法，找到更适合用户的宣传方式，从而获得更多优质的内容。

在过去，内容运营的载体非常单一，但是如今市场发展日新月异，内容载体也比以往多了许多。特别是在互联网上，运营人员对新媒体、新终端的了解考验着内容运营人员的能力，这些关系到他们能不能针对不同的渠道、不同的终端进行不同的内容设计。

◎ 用户运营

我们先来弄清楚一个问题，什么是用户？简单来说，网站或者是爆品的使用者就是用户。我们的爆品是给真实的人去使用的，不管是面向实体商户还是虚拟用户端，爆品本身都是有目标用户的。如何让这些目标用户使用爆品，是用户运营的主要目标。

因此，爆品用户运营就是把提升爆品的活跃度、用户数量作为目标，根据用户的需求，制定运营方案。目前，爆品用户运营已经发展到针对不同类型的用户采取有针对性的运营策略的阶段了。

发展新用户、维护老用户、提升用户活跃度、挽留流失用户是所有爆品都需要完成的，爆品的生命周期决定如此。当一个爆品没办法继续留住老用户时，产品就会走下坡路。

如果用一张图来表示，用户数量与运营阶段的关系大概是这样一条曲线：

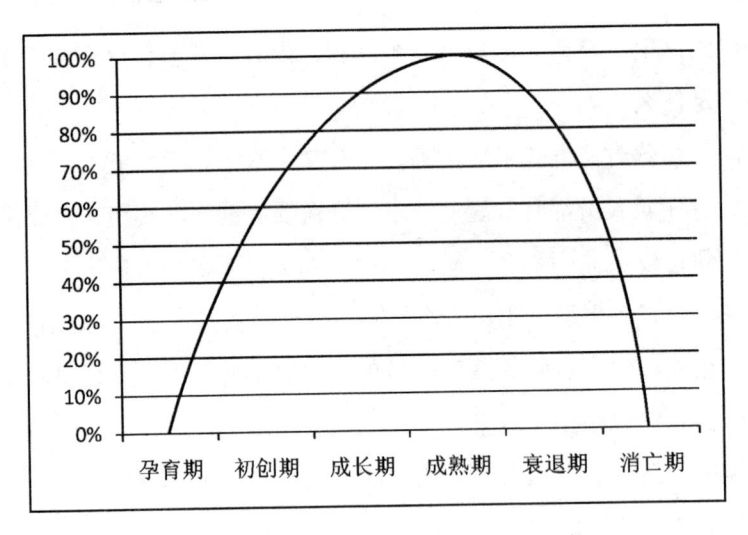

不同的运营阶段，用户的基数不一样，爆品运营的工作内容也会发生变化。

不同的爆品，运营方式是有很大差异的。这种差异体现在用户有多依赖爆品，或者爆品内部如何定义用户。如今，爆品将"用户"定义为

"会员",这种改变也会影响爆品的运营策略,甚至连运营工具和运营指标也会跟着改变。

"用户"是指使用爆品的人,不管他是从何种渠道获得爆品的,只要在使用就是用户。但是"会员"比用户更高级,他们认可爆品,并且愿意为爆品花钱,相当于游戏中的"玩家"。总的来说,"会员"的定义更精准一些,想要开发会员,要做的事情也更多一些。

做好爆品用户运营要做到哪些事情呢?

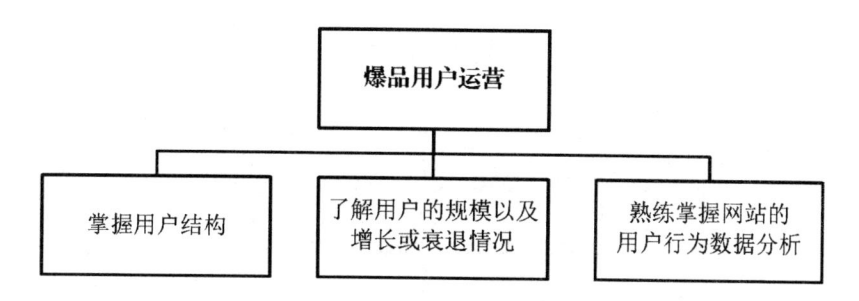

```
                    爆品用户运营
        ┌───────────────┼───────────────┐
   掌握用户结构   了解用户的规模以及   熟练掌握网站的
                  增长或衰退情况      用户行为数据分析
```

掌握用户结构。什么叫用户结构呢?就是要你弄清楚你的用户是男性居多,还是女性居多?是老人居多,还是年轻人居多?他们主要分布在哪些地区?他们的文化程度怎么样?收入如何?有哪些兴趣点?这些都是分析用户的必要数据。基础用户的分析结果会影响爆品运营人员的策略制定,包括运营方法、运营渠道和活动策划等等。

了解用户的规模以及增长或衰退情况。做好爆品用户运营一定要了解用户的规模有多大?新用户占多少比例,老用户占多少比例?每天用户的增长率有多少?用户平均停留时间有多长?把这些问题弄明白了,才能知道你的爆品处于什么阶段,才能更精准地定位目标用户,选择更合适的爆品运营方式。

如果你从事的是一个网络社区的用户运营,你首先要清楚用户习惯。比如他们是喜欢原创内容还是喜欢流行话题,他们是喜欢国内小鲜肉还是日韩"长腿欧巴",他们是喜欢看漫画还是喜欢看微电影等等,要根据他们的兴趣点进行用户管理。

熟练掌握网站的用户行为数据分析。针对用户数据进行分析,你会知道他们为什么来、为什么走,为什么活跃、为什么潜水,这些数据分析对开发新用户、留存老用户,以及促进用户付费方面有莫大的帮助。运营人员要达到"能想办法、能干事情、能负责任"的职责要求。

让我们回过头来梳理一下用户运营的核心内容:

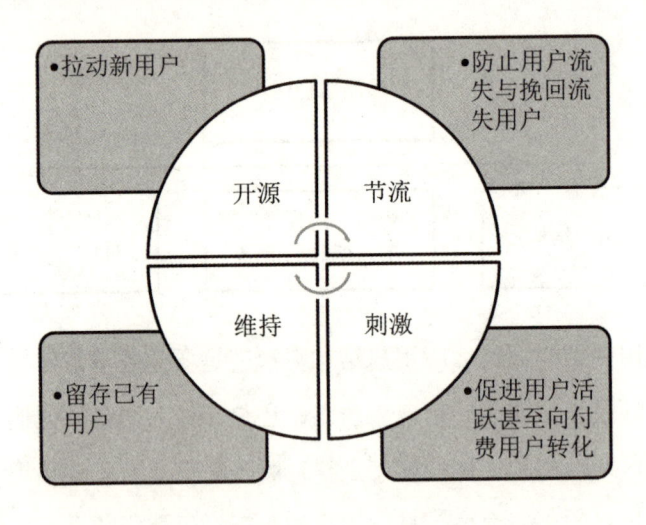

```
•拉动新用户         •防止用户流
                    失与挽回流
                    失用户

        开源  节流

        维持  刺激

•留存已有           •促进用户活
 用户               跃甚至向付
                    费用户转化
```

假如你能从用户需求出发,反向提出优化产品的建议,那么,你的爆品用户运营工作将不再是一个难题。

◎ 活动运营

爆品活动运营是什么?爆品活动运营就是通过展开联合活动或者独立活动,促进一个或多个指标的短期提升的爆品运营工作。

对所有的爆品来说,活动运营人员是必不可少的。因为,通过活动能够大大提高爆品在目标用户中的知名度。

作为爆品用户，他们或许不能马上说出这个爆品的特色，但是这个爆品在某个时间做的活动，亮点是什么，甚至出了什么洋相，都会给用户留下深刻的印象。

爆品活动运营能够在短期内达到运营目的，也可以为爆品打头阵。通过爆品运营的过程，我们能够总结出很多爆品活动运营的经验。

比如说，一个淘宝店的运营人员发现购物满多少钱送赠品的方式很受用户欢迎，那么他可以进行团购活动、限免活动甚至秒杀等促销活动。

又比如说，一家网站发现老用户邀请可以有效地带动新用户注册，那么他可以把这些活动改为推广员机制。

再比如，一个APP可以用用户签到的模式提升用户活跃度，改变用户的使用习惯，那么就可以把此类活动固化成任务系统等产品功能。

爆品活动的运营人员的主要工作当然是策划爆品活动，但是策划活动这个概念非常广泛，主要包括以下这些内容：

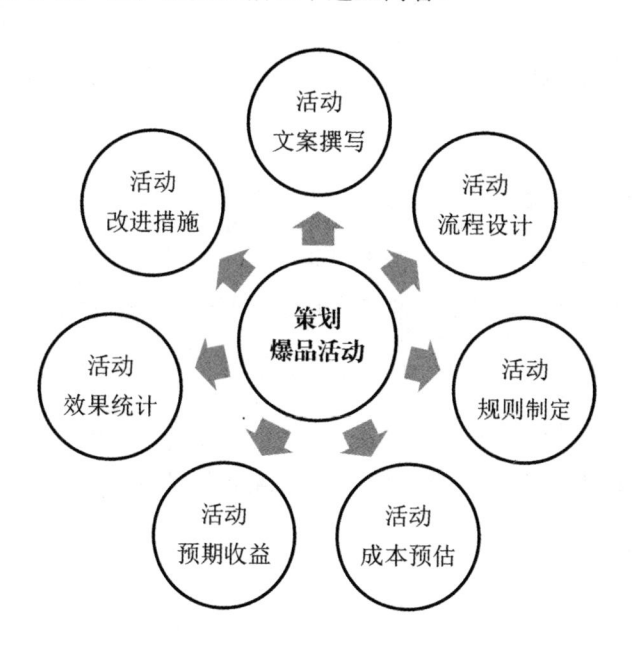

活动文案撰写。策划活动一定要有文案，就算刚开始写得拿不出手，但是写得多了，熟能生巧，自然就能让用户满意了。有了经验，就知道用户喜欢什么样的文案了。

活动流程设计。有了活动文案，还必须要设计活动流程，就算刚开始只是简单地按部就班，做得多了，自然就能领悟出什么样的流程能让用户耳目一新。

活动规则制定。在制定规则的过程中，你会了解到用户的喜好。比方说，中奖之后是让用户直接领奖，还是快递上门。你要知道规则如何设置才能让用户一目了然，几个操作步骤是用户的极限。

活动成本预估。活动成本预估是指了解拉动一个指标的单人成本。如活动会不会被"枪毙"，活动有没有风险，如果活动出现意外要怎么控制等等。一个爆品活动要顺利进行，必然要付出成本，成本太高则运营压力太大，但是成本太低又吸引不了用户参加。这时，做好活动成本预估就很重要了。

活动预期收益。付出一定有回报，活动预期收益是指活动进行完成后给爆品带来多少好处，或者完成了多少指标。收入不单单只是金钱收入，还有用户数量、用户活跃度、留存率等等，这些都在活动目标设计的范围内。

活动效果统计。活动完成后，我们需要明确地让领导和自己知道活动效果怎么样，有没有哪些环节需要改进，活动文案有什么不足的地方等等，为下次活动策划提供经验。如果某种活动类型的效果不好，那么下次就不要进行同类型的活动了，假如某种活动方式很受大众喜欢，那么这种活动方式就可以多多采用。

活动改进措施。这一点在活动总结报告中经常体现，但是活动上线前，还是要准备一些活动中的应急和预防措施，使活动效果加倍提升。

讲到这里，我们发现，其实爆品活动运营就是用最少的成本获得最大的利益。但是，我们对爆品活动运营还有一个更高的要求，就是运营人员要通过结构化思维将活动常态化。

以上就是内容运营、用户运营、活动运营的主要内容，在下面的章节，我们将分别告诉大家如何做好这几方面的运营。

如何做好内容运营

爆品运营内容的展开，重点在用户进入之后如何引导用户发现内容，然后让用户对内容满意，如何促进用户建立UGC，如何筛选用户内容，如何阻挡垃圾信息，这些都是很重要的内容。

那么，要如何做好内容运营呢？下面我们分两个部分来讲解：第一个部分，如何把好的内容呈献给用户；第二个部分，告诉大家内容运营的操作步骤。

◎ 把好的内容呈现给用户

运营人员的主要工作内容，就是通过各种方式把好的内容呈献给用户。呈现的方式无外乎有两种：用户主动发现及运营人员引导用户发现。主动发现在这里我们不作详述，我们主要介绍运营人员的推送。

引导用户发现主要是靠推送渠道，如果我们对推送渠道进行划分的话，大概会有以下几种类型：

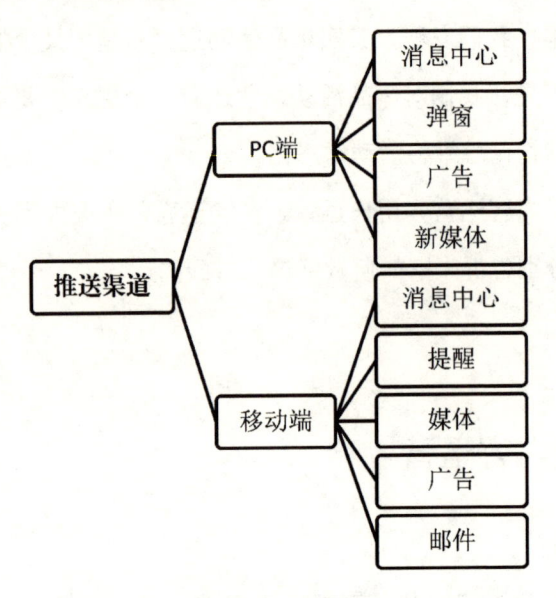

```
                    ┌─ 消息中心
              ┌ PC端 ┼─ 弹窗
              │     ├─ 广告
              │     └─ 新媒体
    推送渠道 ─┤
              │     ┌─ 消息中心
              │     ├─ 提醒
              └ 移动端┼─ 媒体
                    ├─ 广告
                    └─ 邮件
```

爆品的信息可以通过各种渠道和手段传递到用户手中，用得最多的还是各种消息和通知。几乎在所有的网站，我们都会发现有"消息中心"这个版块，这个版块主要是负责对用户进行消息通知和信息推送。

在APP上我们还会收到更多这样的推送，我们看到的推送渠道触点更多，包括系统推送、应用内推送等。这些都是推送的渠道。

既然有渠道，就涉及到如何选择渠道。我们坚持的选择原则就是"三最原则"——用户最容易接受的，最常接触的，最容易使用的。

接下来我们看看，在选择渠道时，爆品运营人员要考虑哪些因素。

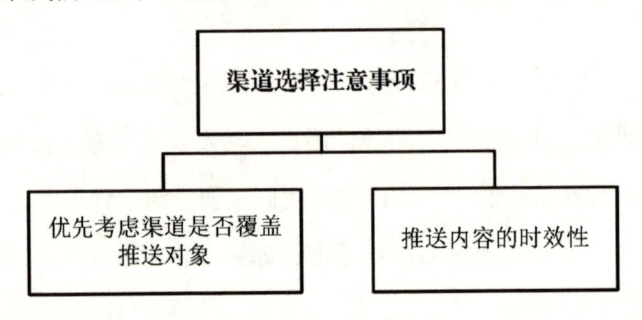

```
              渠道选择注意事项
              ┌──────┴──────┐
    优先考虑渠道是否覆盖      推送内容的时效性
         推送对象
```

优先考虑渠道是否覆盖推送对象。 假如你的用户从来不看电子邮箱里的营销邮件，你若选择这个渠道进行推送，这就是无意义的；假如用户对手机上的小红点有强迫症，一定会点开看一下，那么选用这个渠道推送就理想多了。

推送内容的时效性。 确定了推送对象，还得考虑推送内容的时效性，如果这个信息非常紧急，那就要采用用户最常用的方式推送。比如网站要更新，某个时段可能会出现网页打不开的现象，或者网站出现故障，进行系统安全维护等等，就要通过短信、弹窗等方式推送。假如信息并没有那么紧急，就可以选择柔和一些的推送渠道，比如发邮件、发站内信等。

我们要根据什么来选择推送渠道呢？

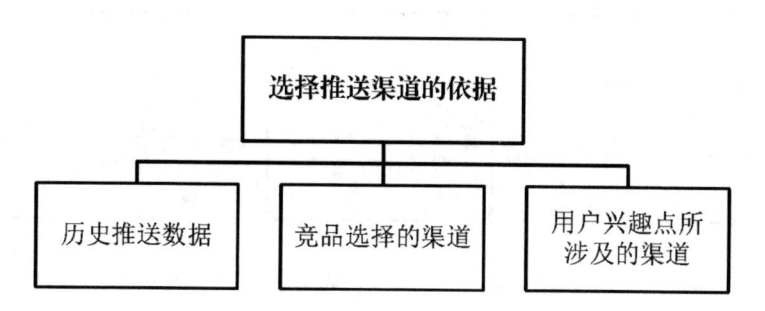

```
                    选择推送渠道的依据
        ┌──────────────────┼──────────────────┐
   历史推送数据        竞品选择的渠道      用户兴趣点所
                                          涉及的渠道
```

历史推送数据。 之前的信息主要通过什么渠道推送，这些渠道的转化率和接受率如何。

竞品选择的渠道。 假如没有历史数据记录，就要进行估算了。这时候，比较有参考价值的，就是竞争对手的渠道选择。

用户兴趣点所涉及的渠道。 假如前两条都没有，那又该怎么办呢？这时候，就要根据用户的行为来推测了。比如搜索引擎，或者经常去的网购平台、返利平台等等。

最后，我们来看看怎么来确定推送内容。

推送内容一定要直截了当，这一点，爆品运营人员不妨学一学那些"标题党"。如果你的用户喜欢小清新，就不要说美国队长、复仇者联盟；如果你的用户喜欢物美价廉的商品，直接告诉他"全场商品一折起"会更有吸引力。

◎ 内容运营的步骤

内容运营分为以下几个步骤：

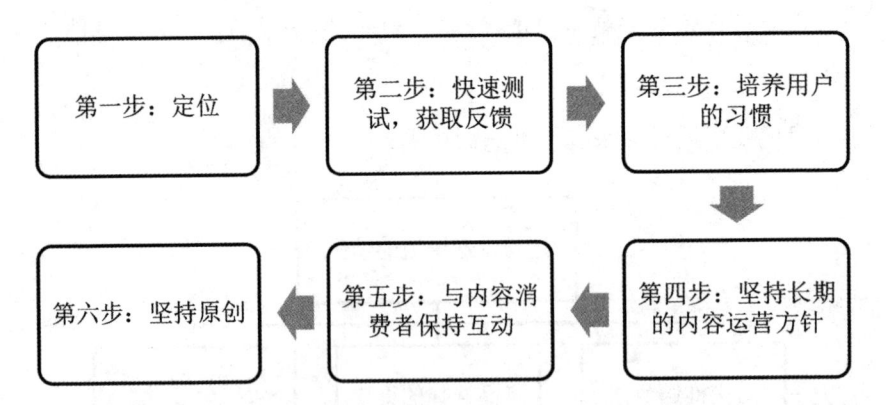

第一步：定位 → 第二步：快速测试，获取反馈 → 第三步：培养用户的习惯

第六步：坚持原创 ← 第五步：与内容消费者保持互动 ← 第四步：坚持长期的内容运营方针

第一步：定位。爆品定位很重要，要根据爆品的特点、用户、功能来确定推送内容的风格、受众和格调。比方说，你经营的是时尚女装，但你天天不是说政治，就是讲体育，跟时尚一点不沾边，这就是定位错误。再比如，你经营的是运动产品，但你每天推送美妆和搭配，这也不合适。

实际上，定位有两层意思：首先是面向目标用户的定位，就是要清楚哪些人会喜欢你的爆品，哪些人会买你的爆品；另外一层意思是爆品内容的定位，针对你的目标用户，你要推出什么样的爆品才会受到用户的欢迎。

大部分爆品运营，一开始就搞错了方向，没找准定位，因此市场越来越窄，生意越来越难做。所以，公共平台的内容运营最先需要解决的就是定位。

第二步：快速测试，获取反馈。我们之前提到过"内容初始化"，明确了爆品定位就意味着可以选择推送内容了。接着你要去观察用户的反应，看他们是否喜欢推送的内容，对推送的话题是否感兴趣。公共平台的运营也是一样，快速测试是非常重要的，如果发现用户的反馈一般，就要迅速对内容做出调整了。

那我们要怎么发现用户的兴趣点呢？很简单，就是通过数据分析。如果你发布消息的时间是固定的，用户也是固定的，那么阅读、转发、评论、收藏的数量越多，也就表明用户对这个内容感兴趣，假如数量很少，那就表明用户对这个内容不感兴趣。

第三步：培养用户的习惯。大多数公共平台的运营人员都关心一个问题，就是发布内容的最佳时间是什么时候。目前来看，不管是早上发布、中午发布还是晚上发布，这个时间都不重要，重要的是时间要固定。假如发布的时间固定，长期关注的用户就会定期查看。比如，小王关注了一个公众号，内容很不错，他很喜欢，该公众号推送消息告诉所有的用户每周三六点更新，小王也养成了每周三上午查看这个公众号的习惯。

第四步：坚持长期的内容运营方针。先给大家打个预防针，假如选择了爆品内容运营，就不要妄想今天做了明天就有效果。任何事情都不是一蹴而就的，特别是爆品内容运营。有句话是这么说的："一个人做好一件事不难，难的是把这件事做了一辈子。"爆品内容运营也是一样，做一段时间的优质内容不难，难的是一直做优质内容。坚持推送优质内容，爆品运营一定会成功。

第五步：与内容消费者保持互动。这是个老生常谈的话题了，我们大家都有惰性，今天我回答一下你的问题，明天跟他聊聊心中的苦闷，但是每天都和消费者保持互动，就是一件很难的事情了。

但我们要知道，公共平台上内容的读者，也许就是内容的生产者，跟他们保持互动，也许会给我们提供一些新的灵感，帮助我们解决问题。其实这挺简单的，只要我们源源不断地为消费者提供他们想要的内容，就能解决他们的问题。

第六步：坚持原创。推送内容最难的就是坚持原创，假如我们推送的内容大多数都是转发，用户已经在别处看过了，就没有再看的兴趣。大家都知道，原创的内容更符合爆品的特点和用户的口味，最容易引爆热点。

因此，对于那些希望在公共平台上开展爆品运营的企业来说，明白这些是非常重要的，然后就要调整好心态，坚持自己的方向。

如何做好用户运营

在前面的章节里，我们已经给大家详细介绍过什么是用户运营以及用户运营的核心，相信大家已经对用户运营有了一个初步的认识。在本节里，我们将把用户运营的技巧和方法传授给大家。

◎ 了解你的用户

爆品运营必须要过的一道关卡就是用户运营，但是运营基本都是根据指标来做的，你们是否想过，你们真的从心底了解自己的用户吗？

基本上任何行业的用户运营工作都有一个相同点，那就是都要基于充分地了解用户。怎样才能表明我们了解用户呢？例如，如果我们要做一个用户推荐的活动，作为运营人员就应该知道，用户喜欢通过哪种途径分享和推荐好的产品给朋友，同时也要了解，这个推荐活动有哪些外部平台会进行推广，或者有哪些外部平台愿意跟我们一起合作推广，才能达到最大的成效。

此外，还应该知道当用户来到了我们的店铺之后，我们的产品有没有一些吸睛点能够留住用户。做到这一点之后，还应该考虑怎么做才能让他们保持一定的活跃度？能不能有吸引人的付费点让用户进行消费？在用户进行了消费了之后，怎样去提升用户对产品的体验好感度？如果用户没有停留，应该怎么做才能让他们再回来？能不能根据分析已有用户的行为，避免流失新的用户，或者减缓他离开的速度？

运营人员所要做的所有工作，都离不开一个"人"字。既然是人，肯定就存在需求。美国心理学家亚伯拉罕·马斯洛在《人类激励理论》中提出人的需求是存在级层的，他把人的需求分为了以下五个级层：

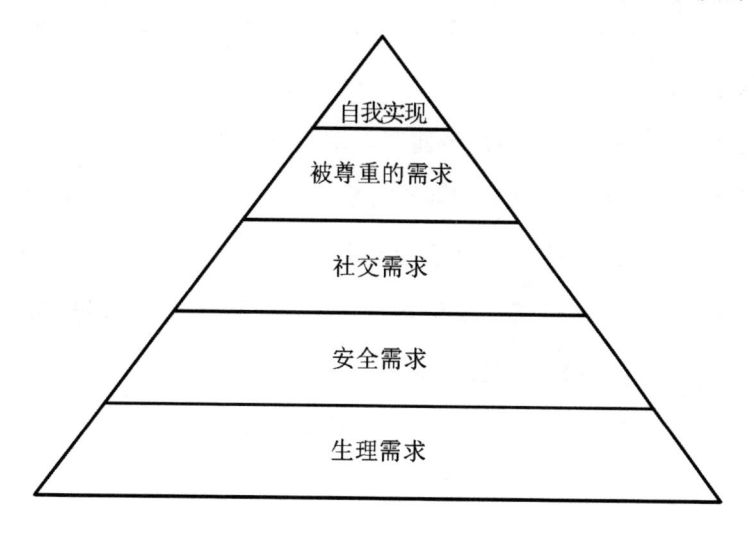

- 自我实现
- 被尊重的需求
- 社交需求
- 安全需求
- 生理需求

一句话概括这五个需求就是：先让自己生存下来，再去追求享受生活。

有一点不可否认，互联网产品的发展过程和这个金字塔结构很像。还有一个我们不得不承认的事实，大多数互联网的用户需求也是跟这个金字塔结构相似。

一个产品基本都是拥有多种功能，这是为了满足不同用户的不同需求。产品也需要一个更新的过程，从单一到多功能，从粗陋到丰润。这一系列改变最重要的是运营人员要和用户一起成长。

我们可以想象这样一个场景：一个社交的爆品设计之初的想法是简单地满足用户的沟通需求，无所谓与谁沟通。慢慢地，用户可能拥有越来越多的好友或者是和一群人同时聊天，他们希望通过分组来快速地找到自己想要联系的人。接下来，用户可能觉得纯文字的聊天已经满足不了他们的需求，想要给好友发送图片、和对方说话、能看到对方等等需求。后来，用户觉得只是聊天也没意思了，想要更多其他的娱乐功能，比如一起玩玩游戏啊之类的。再之后，他们觉得老是和这些人聊没意思，想要和全国范围的陌生人聊天，甚至还想成为现实中的好朋友。

现实生活中，也的确会是如此。因为要满足用户的各种需求，所以爆品由单一变得丰满，有时候过分满足用户的需求，会让爆品变得臃肿不堪。由于爆品的臃肿，我们会发现用户运营这件事情也变得相当复杂，牵扯的东西实在太多。尽管这样，我们依然要用最好的服务去对待用户，更深入地了解用户的思维。

我们通过什么去了解用户呢？这里有两个行之有效的技巧：

利用后台数据分析用户	直接面对用户
• 用户在浏览、查看我们的产品后会在我们的后台留下一连串的数据，我们可以借此来分析用户的喜好。	• 客服及时对咨询的用户热情接待，在消费之后积极做好回访的服务，可以做一些问卷调查来看用户对产品的反馈情况，从而给更新产品提供基础。

◎ 用户运营的工作内容

围绕每个爆品开展的核心工作必不可少的就是用户运营，不论是做内容运营还是活动运营，运营的最终目标就是要利用产品为公司创造利益。这里所说的利益不单单只是金钱而已，有可能是增加的用户数，或者是获得的一些数据。我们经常评价一个爆品的用户数量、付费情况、数据的健康与否等，最终还是要归属到用户运营上面来。

所以，一个爆品成功了，用户运营是功不可没的，因为工作内容复杂较多，能处理安排好各项事务实属不易。用户运营在工作上主要做的核心工作有如下几点：打开用户市场、减少用户的流失、提高用户的活跃度、增加用户付费的转化率。

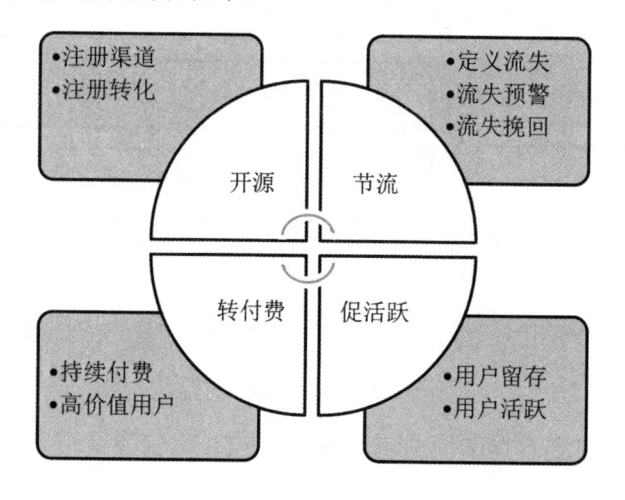

开源
- 注册渠道
- 注册转化

节流
- 定义流失
- 流失预警
- 流失挽回

转付费
- 持续付费
- 高价值用户

促活跃
- 用户留存
- 用户活跃

打开用户市场。针对爆品将用户的数量增加，官方的说法就是增加访客量和注册的用户数，但是更为重要的是注册的用户数。打开用户市场要做的只有两点：

```
           打开用户市场
          /          \
  挑选合适的注册渠道    提高注册转化率
```

第一，挑选合适的注册渠道。注册渠道就是用户进入爆品的大门，注册的方式决定了用户有无资格进入。

第二，提高注册转化率。用户注册了并不代表他就成了我们的客户，运营要做的就是刺激用户使用我们的爆品，让他转化成为有效客户。

减少用户的流失。要保持现有的用户数量，激活僵尸用户或减少流失用户。减少用户流失需要做的有三点：

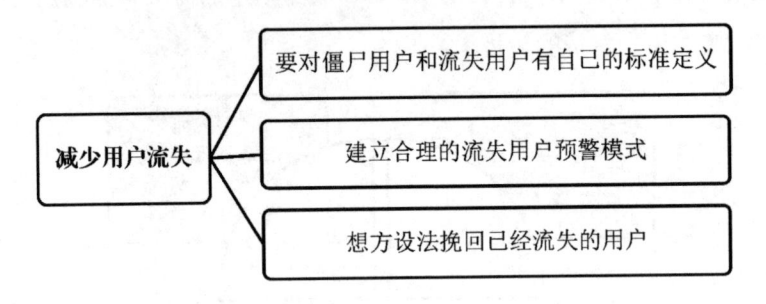

```
                要对僵尸用户和流失用户有自己的标准定义
减少用户流失 ——  建立合理的流失用户预警模式
                想方设法挽回已经流失的用户
```

第一，要对僵尸用户和流失用户有自己的标准定义。用户注册以后，多久没有使用爆品就算用户流失，要有一个明确的标准。例如，有些APP的标准是60天没有登录使用过APP的就算流失用户。

第二，建立合理的流失用户预警模式。运营要很清楚地知道，什么造成了客户的流失。通过收集数据建立数据库，为避免在相同情况下再流失客户，要制定相关的防范措施。当用户的行为符合数据库里流失的用户模型时就发出预警，运营人员此时就要提高警惕并进行合理的调整，避免用户流失。

第三，想方设法挽回已经流失的用户。用户如果已经流失，我们要通过开展各项活动来挽回用户，但是能挽回成功是一件很难的事情。

在原来的互联网时代，用户流失了以后，运营还可以通过后期的活动对用户进行挽回，但是现在用户是通过手机移动端使用APP，只要用户将APP卸载掉，让他们再重新使用则是一件异常困难的事情。

所以，我们在前期就要严格地预防用户流失，而不是等到流失了以后再想办法去挽回。用户运营要格外地重视这一点。

提高用户的活跃度。该工作旨在提高用户使用爆品的频率，注意的点在于留住有效客户和促进用户活跃度，为达到这样的效果，运营人员可以从以下两点做起：

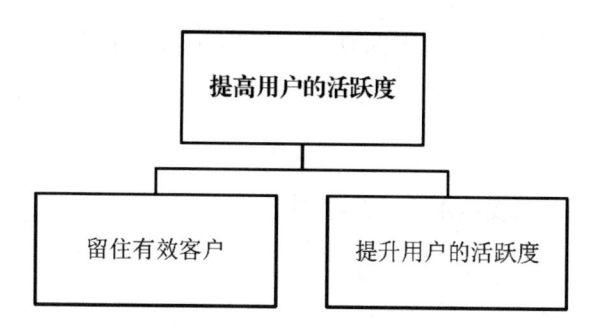

```
            提高用户的活跃度
           ┌──────┴──────┐
       留住有效客户      提升用户的活跃度
```

第一，留住有效客户。用户在使用过我们的产品后，心里有个大致的判断，他会选择离开或者继续，无论何种选择肯定是有原因的。运营人员要抓住能留下用户的点，做一些更能促进用户留下来的工作。如果流失率过高，运营人员则要想办法提高留存率。

第二，提升用户的活跃度。有许多的产品都存在大量的僵尸用户，就是用户注册了但是却从来不使用。运营人员要用一些具体的行为来判断用户是否处于活动状态。

增加用户付费的转化率。让用户在使用过产品之后进入付费的使用单元，利用用户的需求，让他们为产品的功能买单。关键点在于稳定住付费的用户数量。运营要做的有以下两点：

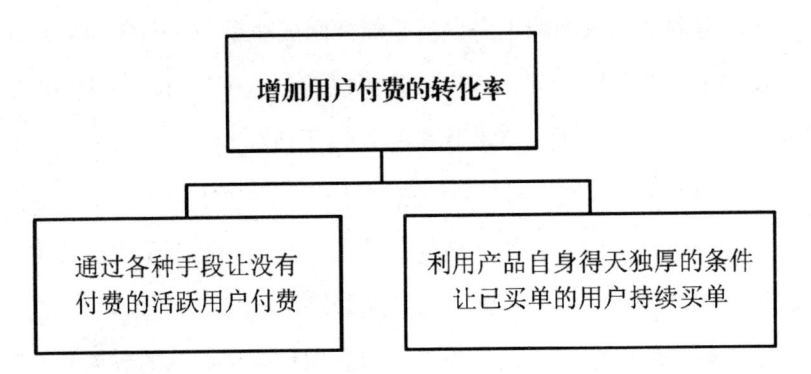

```
           增加用户付费的转化率
           ┌──────┴──────┐
   通过各种手段让没有         利用产品自身得天独厚的条件
   付费的活跃用户付费         让已买单的用户持续买单
```

第一，通过各种手段让没有付费的活跃用户付费。将活跃用户都朝着付费用户转化，为产品盈利做好基础工作。

第二，利用产品自身得天独厚的条件让已买单的用户持续买单。已经付费使用产品的用户，想必是认可了产品并且还有一定程度的依赖性。运营人员需要通过自己的运营手段来让他们持续付费，虽然实现很困难，但是这必须要纳入考虑的范围。

如何做好活动运营

做运营，离不开活动。活动运营，顾名思义是通过组织活动在短期内快速提升相关指标。我们拆分一下这句话中的关键字：

短期：在一个较短的时间内开展活动。

快速：用简单直接的方式在较短时间内达成结果。

提升指标：目的明确，提升活动对应指标，达成KPI。

具体来说，一个完整的活动运营流程可能会涉及如下步骤：

策划 → 开发 → 测试 → 宣传 → 上线 → 指标监控 → 奖励发放 → 效果评估

策划：活动的设计阶段，会定义明确的活动时间、对象、方式、目标和预算等。

开发：活动需要由设计人员设计界面，请开发人员开发实现功能。

测试：一个活动开发完成后，需要测试以确认功能是否可用与易用。

宣传：找到可以触达用户的渠道，协调资源来做活动。这个阶段几乎是和开发、测试同时进行的，而且为了活动效果，在上线之前就会做一些预热。

上线：终于到了上线时间，活动就会在线上进行展示，让用户参与活动。

指标监控：活动上线后，需要监测相应的指标，根据指标反映的问题进行适当的调整。

奖励发放：活动结束后（当然，也可以是活动进行中），对符合奖励条件的用户发放奖励。

效果评估：活动结束后，评估活动效果，总结经验教训，以备下次活动参考借鉴。

在整个活动运营过程中，有两件事情非常重要，可以称之为"核心",它们分别是:活动设计和活动策划。

◎ 活动设计

有一件很重要的事情必须贯彻活动运营的始终,那就是:目的明确、目标清晰。

运营人员最痛苦的事情莫过于预算不够或者指标过高。无论是哪一种情况,核心问题都是成本不够数据指标提升所用。在这样的情况下,如何将活动设计得吸引用户,同时又能够将成本控制在预算之内,成为关键问题。

常见的做法是采用抽奖的形式,将一个或几个看起来昂贵的奖品加上部分看起来不怎么贵的奖品进行组合,利用人们的侥幸心理加以诱惑。比如,常见的微博转发类活动。这类活动通常选用近期热点商品作为奖品。但是,这类活动的中奖概率实在不高,而且更关键的是,究竟这个活动的奖品是真是假、中奖的人是真是假,用户都不关心,用户关心的是自己中没中奖。

那么问题来了,什么样的活动可以采用这种形式?

答案是,对用户来说操作成本低的活动。

为什么微博上各种转发抽××奖品的活动会人气这么旺?因为对用户来说,这类活动的操作成本很低,无非是:关注、转发、@几位好友(通常是3位)。而对于活动的设计者来说,成本也很低。以活动提供苹果手机iPhone6和美图手机为例,我们可以计算一下成本。实际需要支出预算的奖品是10部iPhone6。由于未说明iPhone6的型号,所以我们姑且以iPhone6(128G)为例,按每台价格7 188元计算,10台的价格就是

71 880元。那么，这个活动带来了91万次的转发，每次转发的单位成本很容易计算得出。

类似的案例有很多，比如新浪每年都做的活动"让红包飞"，其实新浪几乎不用负担成本，但是效果是有目共睹的，至少在春节期间，微博会被刷爆。

说到这里，针对活动运营的成本预算管控，我们在活动设计上可以做什么呢？笔者的观点如下：

1．先看能不能借势，再看能不能借力。可以借势的活动用抽奖的方式进行，可以借力的活动用合作分摊成本。

2．如果势、力皆无，那么就要拿出数据说服老板，要么降低活动预期，要么增加活动预算。

3．如果说服不了老板，那么，尽你的最大努力，来设计一个吸引人的活动吧。

◎ 活动策划

所有的活动都必须有理由，所以，在着手策划活动之前，请给自己一个做活动的理由。做活动策划看上去很简单，但是做好很难。简单的是，我们始终能够找到做活动的理由；而难的是，如何把这个理由和活动有机结合在一起。那么，我们先从活动理由的类型开始说起。

时间节点。时间节点是最常见的活动理由，我们经常可以见到。而时间节点也有很多的类型，我们一一分析。

节假日。节假日分为法定节假日和非法定节假日。法定节假日包括元旦、春节、清明节、劳动节、端午节、中秋节、国庆节一共7个，运营活动可以与法定节假日的主题相结合。比如，劳动节——劳动最光荣，国庆节——国庆七天乐。而非法定节假日中可以做活动的又有多少呢？愚人节、感恩节、圣诞节、父亲节、母亲节、万圣节……太多了。

季节变化。传统商业有换季活动，事实上电商也会有很多换季活动。春夏秋冬四季可以做活动，甚至立春、立冬等节气也可以做活动。比如，换季清仓大甩卖。

纪念日以及历史上的今天。传统商业经常会搞周年庆活动，而线上也有周年庆活动，比如，每年6月18日是京东商城的周年庆。

以时间为理由做活动，比较容易获得用户的认同。用户在传统商业活动中已经养成了习惯，认为这样的节点就应该有活动，所以，即便策划的活动不是很精彩，用户也会愿意来参加，因为这是习惯。

基于产品或者商品本身的策划。这种做法在电子商务与网络游戏领域相当常见。那么，什么是基于产品或者商品本身的策划呢？我们来看几个例子：网络游戏开服、新版本上线等都会有活动，玩网络游戏的朋友，一定见过"开服优惠活动""战场排名"之类的活动；电商会拿出单独的品类进行包装，经常线上购物的朋友，一定见过"电视节""冰箱节"等活动；甚至社区都会利用社区属性开展活动，比如知乎从2013年开始每年举办一次的线下"盐"聚会。

这都是运营者利用产品或者商品本身的一些属性，有针对性地开展的活动。这种活动，通常会利用商品的一个类目或者共同属性，甚至产品迭代的某个重要版本，有针对性地开展活动。因此，这种活动设计需要运营与策划人员对产品或者商品有足够的理解，并且能够抓住消费者最感兴趣的点进行组织和引导。

热点类，包括社会热点、娱乐热点、生活热点。不管是社会热点、娱乐热点，还是生活热点，都可以拿来作为活动素材和活动理由。所以，如果要从这个角度去设计活动，运营人员要知道最近有哪些热点，人们为什么关注这些热点，这些热点可以怎样利用等。

自造热点。 如果善于利用当前的一些热点，或者善于利用各种营销媒介，那么运营人员也可以选择"自造热点"。但是，这个难度非常大。所以，不建议初学者轻易尝试，如果你真的要这样做，建议你先阅读一些书籍，进行全面的思考，然后再尝试，相关书籍有《引爆点》《部落》《乌合之众》等。

说到自造热点，不能不提的是天猫的"双十一"活动策划，淘宝硬生生地炒出一个"光棍节"。

第 7 章
爆品传播——如何让爆品疯传

爆品传播能让产品迅速聚集大量的关注,产品知名度迅速在网络中升温,并自动自发形成口碑传播。

移动互联网时代,爆品传播的三个法则

在当今的移动互联网时代,做现代营销必须有互联网思维,互联网思维也为营销注入了新的概念,如极致产品、大单品等。而传统模式的营销和爆品研发都受到了极大的冲击。

2016年,快消品行业出现了销售严重下滑,如娃哈哈、康师傅、银鹭等,究其原因是没有让人印象深刻的爆品的推出或者爆品的传播受到制约。传统大企业全线出击,但缺乏亮点,而中小企业全线推新的成功率则更低。因此,做爆品除了拥有爆品思维和爆品战略,让爆品得到传播也是企业接下来要做的最重要的事情。

那么,如何让爆品得到有效的传播呢?移动互联网时代,爆品传播有三个法则是需要遵循的:

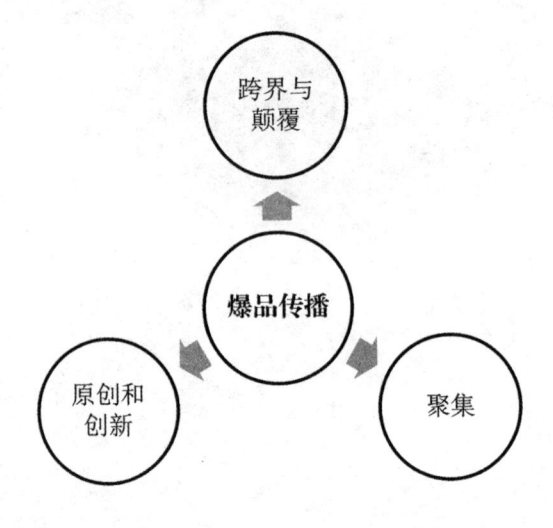

◎ 跨界与颠覆

跨界与颠覆就是要打破常规，让资源进行跨界重组，颠覆传统观念，提升效率，创造耳目一新的体验。在时尚界，明星与爆品品牌的跨界合作已经不新鲜，美国著名歌手蕾哈娜与运动品牌彪马联名推出的运动鞋就曾销售火爆，一鞋难求。

iPhone绝对是颠覆性的手机，可以说它重新定义了手机，颠覆了人们使用手机的习惯。在它出现以前，人们认为最好的手机是诺基亚，好手机应该耐摔结实。但是iPhone的横空出世，让消费者看到新的可能，也让消费者对手机产生了新的需求。当iPhone每次即将推出新产品时，都有无数消费者翘首期待。

这就是跨界和颠覆带来的爆品传播奇迹。

◎ 聚集

聚集就是做极致爆品，爆品开发做到少而精。我们在做传统销售时，会以多种品类、多种渠道铺开来进行产品销售。但这种办法在互联网时代却渐渐行不通了，因为产品线多，新品多并不意味着销售额的增长和利润的增长，而且分散研发和销售的力量。

在互联网时代做爆品，要少而精，做到极致。如何聚集？这里有两个行之有效的方法：

> 一要聚焦品类，限定业务范围，抵制住广阔市场的诱惑，坚守核心主营业务

> 二要聚焦品牌和爆品，聚焦核心产品，坚持锤炼品质，爆品和品牌才能走得更远

◎ 原创和创新

互联网时代的营销有一个残酷的法则就是没有第二，第二没有生存空间。只有原创和快速更新的内容和爆品才能进入消费者视野，才有生存空间。市场环境和投资环境发生了很大的变化，哪怕是小公司也能快速地实现商业意图，快速地将创新爆品落地。消费者也能够迅速地接受和尝试新事物、新爆品。所以，故步自封只会被市场和消费者淘汰。

让爆品疯狂传播的三条路径

冰冻三尺，非一日之寒；打造爆品，也非一日之功。要想爆品得到疯狂传播，就得由易到难，一步一个脚印。爆品传播除了要遵循上面的三个法则以外，还可以通过以下三条主要路径得到有效传播：

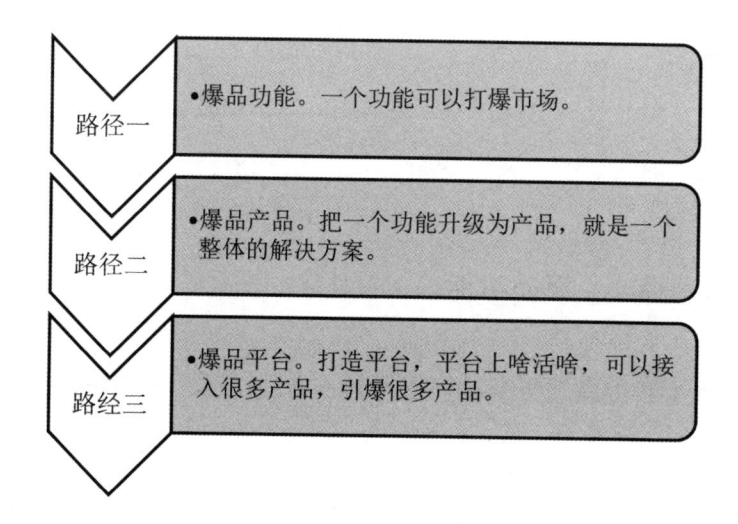

- 路径一：爆品功能。一个功能可以打爆市场。
- 路径二：爆品产品。把一个功能升级为产品，就是一个整体的解决方案。
- 路经三：爆品平台。打造平台，平台上啥活啥，可以接入很多产品，引爆很多产品。

为了让大家清晰地知道爆品传播的三条路径，我们以"微信红包"为例，向大家展示这三条路径的传播方法和运用。

说到这里，先给大家科普一个名词，什么是"七星级产品"呢？这是腾讯内部的一个说法，五星级产品就已经很棒，可以说是爆品了，但是七星级产品更棒，就是爆品中的爆品。微信红包，就是一款七星级爆品。

微信红包是怎么诞生的呢？微信红包的诞生，源于腾讯内部员工的一个痛点：过节发红包。腾讯的总部在深圳，腾讯的掌门人马化腾是潮州人，过年开工发红包是潮州人的习俗，这个传统在腾讯从1998年一直沿袭到现在。而且腾讯每次发红包都会上头条，声势之浩大令人叹为观止。每年开工领红包的队伍从腾讯大厦39层一直排到深南大道上，至少有上万人。

为此，腾讯专门做支付的财付通程序员做了一个电子红包的功能。2013年年底，微信的一个团队在做头脑风暴时，有人提出来："能不能把公司内部发红包的传统做成一个应用，推广微信支付，增加微信支付的用户量呢？"

于是，爆品"微信红包"应运而生。那微信红包又是如何变成"七星级爆品"的呢？

◎ 传播路径一：爆品功能

这一个转折点发生在2014年年初，微信里有一个随机掷骰子的功能，微信好友常用它来打发时间，或者拿来当做裁定方式。一位产品经理建议，把骰子换成红包。这就是微信红包的产品核心——抢。

俗话说，人多饭好吃，人多红包当然也是香饽饽。抢红包，突出的就是个"抢"，不仅活跃了气氛，还把常年潜水的用户给"炸"了出来。2014年春节期间，800多万人领取了将近4000万个红包，每个红包平均10元钱。

除了春节能发红包，微信红包还能不能在其他时间用呢？微信红包能不能成为一个高频应用呢？这就涉及到第二条传播路径了。

◎ 传播路径二：爆品产品

这一个转折点是滴滴出行抢红包。在腾讯产品经理的内部手册里，有一个中心词"场景"，就是通过搞定用户的使用场景，从而拿下用户。比方说，微信红包的一个重要的使用场景就是过年发红包，那年过完了怎么办？这时就要需要更给力的使用场景。

"滴滴快车"和"快的打车"的补贴大战最引人注目。腾讯作为滴滴的投资方，强势杀入，誓要打出一片天地。"打车"这个场景就很好，同时满足微信红包的三个条件：手机、消费、痛点。

为什么滴滴能成为最后的赢家？除了腾讯财大气粗，更离不开微信抢红包的热度。腾讯投资10个亿给用户发打车红包，拉来了许多新用户。滴滴更是把发红包做到了极致，请明星发红包，企业冠名发红包，电视台发红包……刷爆朋友圈。

重点是，抢红包打车，一下子就搞定了用户的应用场景，接下来出现了京东购物送红包、大众点评送红包、微博观影送红包等等。

◎ 传播路径三：爆品平台

除了让企业发红包，微信红包想要打造"七星级产品"，成为万能入口，就要连接可以连接的一切事物。这个转折点就是2015年春晚抢红包。春晚可是个超级场景，百度搜索"微信红包"，你会发现除夕当天是个超级大波峰。

当时，春晚抢红包还有一个特殊的创新设计，就是"摇一摇"。据悉，除夕当天，微信红包总共发了10.1亿多次，春晚全程"摇一摇"互动达110亿多次。

这就是腾讯红包爆品传播的3条路径，如今，这三条路径已经成为各企业、商家让爆品传播的指路灯。我们在传播爆品时也可以复制这三条路径，打造出"超级爆品"。

上头条，占据头条——打造爆品最直接的方式

当今社会，由于移动互联网技术的逐步成熟，现代媒体的网络信息量空前增大，小打小闹的信息传播很容易就会被网络信息洪流所淹没。

那如何才能让我们的产品一直都备受关注，成为爆品呢？这就需要我们找到有头条价值的事件，占据头条，这样才能获得用户的关注。

业界有句俗语说："做产品，噱头成不了卖点；做市场，段子上不了头条。"这就需要我们清楚噱头和卖点的区别，善于发现哪些产品的特点和性能有潜力可以挖掘成为头条。

无论什么产品做爆品上头条都得靠真枪实弹，其中"上头条"是打造爆品最直接的方式，也是目前最有效的方法。

首先，我们通过下图来向大家普及一下"抢首发，上头条"的含义。

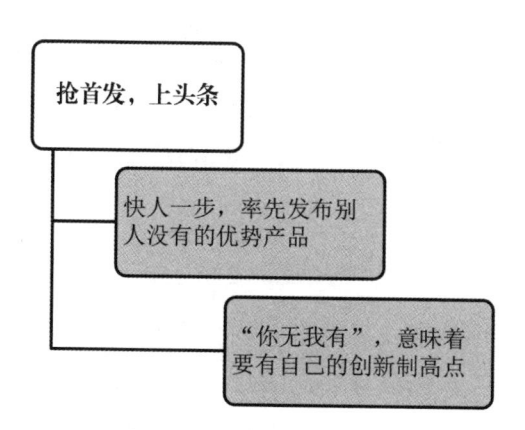

```
抢首发，上头条
├── 快人一步，率先发布别人没有的优势产品
└── "你无我有"，意味着要有自己的创新制高点
```

这听起来似乎很难懂，我们举例来说明一下吧。

小米手机每年只发布很少的几款产品，都是打高性能牌，都是手机中的精品。其每一代产品都是运用了当时最新的骁龙处理器，都是全国乃至全球首发，赚足了人们的眼球，从而赢得了持续关注。

当然，抢首发不一定就是指产品的首发，其中利用新颖的技术、手段进行产品的发售往往也会引起人们对新方式的好奇心，从而使得他们加以关注。在社交网络时代，社交平台是打造爆品的主要阵地。

QQ空间和小米的合作就引爆了社会化营销的小宇宙。2013年9月21日，10万部红米手机在QQ空间仅用1分30秒就被一抢而空。

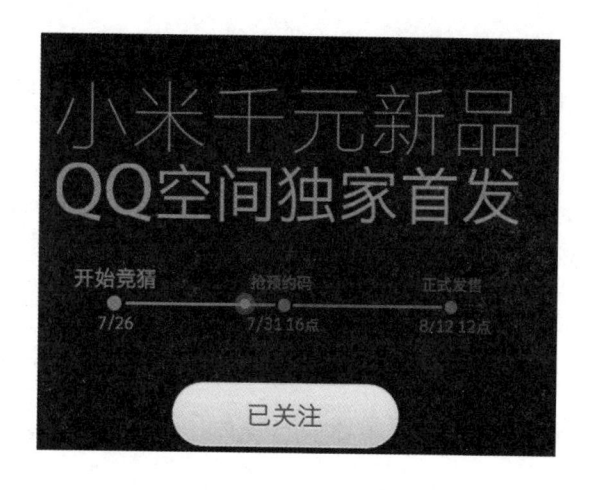

QQ空间是中国最大的社交网络，拥有最大的用户群体，以及具备良好的网络购物习惯的用户，所以红米手机收获这么好的战绩是情理之中的事情。可以说，这样一种全新的营销方式，这样的战绩，小米想不成为爆品都难。

通过小米手机上头条成为爆品之路，我们可以清晰地明白"上头条"打造爆品的前提，那就是：必须让自己的产品有足够的竞争优势——好产品自己会说话，产品质优，才能不断积累打造爆品的力量。

不是每一个企业都能成为小米，小米的产品可以说每一代都有很强的竞争优势，顶尖的配置、相对低廉的价格，就是所谓的性价比。小米手机有明星产品红米手机，该款手机是销量最好的手机，是当之无愧的爆品，而小米note是小米真正精心设计的一款明星产品，得到了大量"米粉"的追捧。这是小米寻找合作伙伴的基础，也是小米能上头条、成为爆品的坚实后盾。

好的产品往往能引起人们的注意，从而引发关注，这是上头条、成为爆品的前提。若只是噱头，则会引起人们的反感，甚至会影响产品的信誉和口碑。想成为爆品，就要踏踏实实地做精品——"是金子到哪儿都会发光"。

在科技领域，许多电子厂商在发布新品时都会提前推送海报，并在微信公众平台和新浪微博上推广，其中很多厂商为了吸引眼球，制造了不少的噱头。

比如深圳某科技公司发布的一款手机，在该手机发布前，网络上铺天盖地的新闻、宣传视频等将该手机描绘得神乎其神，什么3D全息投影技术、隔空操作等。但在发布后，却发现这完全是噱头，华而不实，并不是大家想象的那样强大。一个要号称"开创手机革命新时代"的手机产品，的确在发布前赚足了眼球，的确上了头条，但是与发布后的巨大落差，导致了人们对该产品的失望，从而致使该公司的口碑变差，永远也成不了爆品，其销量之惨淡可想而知。

所以只有认认真真做精品，老老实实做事情，方能有机会赢得人们的尊重与关注，而噱头永远成不了卖点。

网络营销炒作——打造爆品最有效的手段

网络营销炒作一直伴随着网络技术发展的各个阶段，它已经渗透进当今人们生活的各个方面。为什么炒作会有如此大的威力？原因就在于炒作所具备的五大特点。

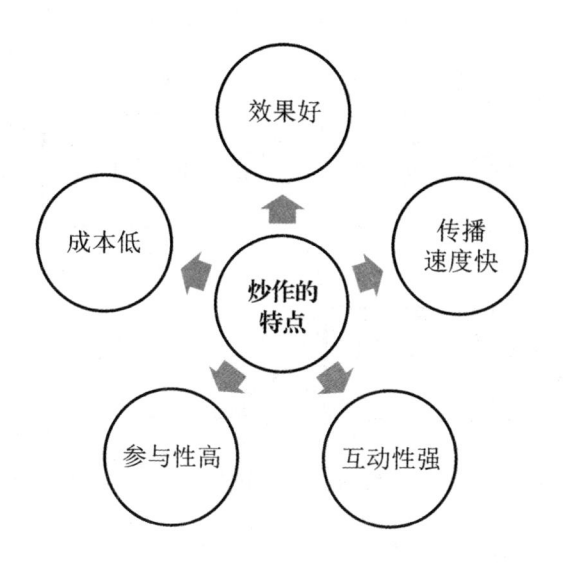

炒作的特点：效果好、传播速度快、互动性强、参与性高、成本低

但任何事情都是一把"双刃剑"，有利必有弊！炒作能让产品迅速聚集大量的关注，使产品大红大紫，赚得盆满钵满，但也可以让产品"名誉扫地"。不真实的炒作，虽刚开始吸引了不少人的关注，但因产

品发布的前后给人的印象落差较大，致使人们失去了对其的信心，导致了人们对其关注度的直线下降，最后结果是打造爆品失败。

虽然说炒作能吸引关注，但不是所有的关注都能起到积极的效果。炒作必须要找到能让大家信服的点才能取得成功。

炒作不是盲目的行为，它是有目的性的、有针对性的行为。炒作需要事先做好各种准备，它以提起大家的兴趣、引起大家的共鸣为目的，是我们获得更多关注、打造爆品最有效的手段。

目前，由于网络技术的进步，炒作手段也在不断变化。以前的炒作，基本上都是在一些网络新闻媒体上出现，而现在大多数人或者企业更愿意选择速度更快、操作更简单、效率更高的社交自媒体平台。

说到这里，你一定会问：如何才能进行网络炒作，打造爆品呢？这正是下面想要告诉你的方法。通常来说，网络炒作一般分为以下四个步骤：

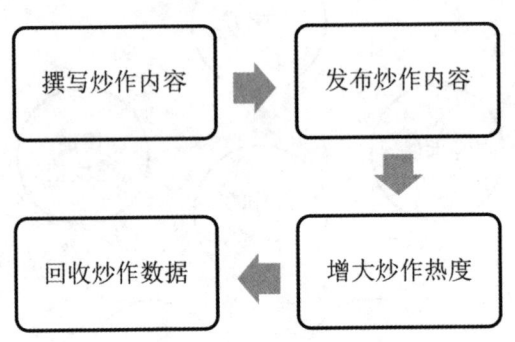

```
撰写炒作内容 → 发布炒作内容
                    ↓
回收炒作数据 ← 增大炒作热度
```

撰写炒作内容。在打造爆品的过程中，都是具有一定针对性的，我们投放哪一类内容，将直接决定会吸引来哪一类用户。产品的磁场影响着用户，同时，用户的需要也影响着产品。如果不能为用户持续提供具有吸引力的内容，不仅吸引不到粉丝，而且粉丝的流失也将不可避免。

总体来说，在通过炒作打造爆品时，有以下四大内容可以撰写：

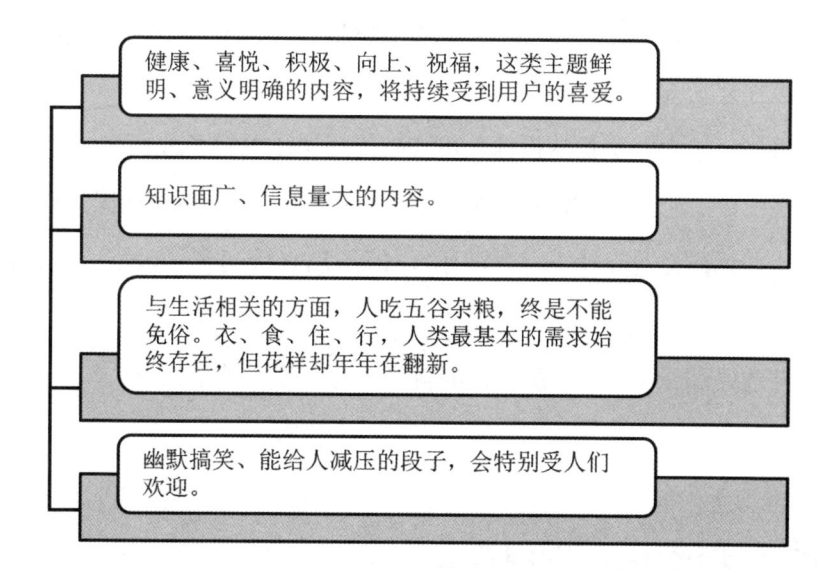

- 健康、喜悦、积极、向上、祝福，这类主题鲜明、意义明确的内容，将持续受到用户的喜爱。
- 知识面广、信息量大的内容。
- 与生活相关的方面，人吃五谷杂粮，终是不能免俗。衣、食、住、行，人类最基本的需求始终存在，但花样却年年在翻新。
- 幽默搞笑、能给人减压的段子，会特别受人们欢迎。

发布炒作内容。 就目前来讲，微信、微博具有庞大的用户群体，拥有巨大的先天优势，自然而然地成了爆品炒作的利器。

增大炒作热度。 在网络上发布了炒作稿件后，还要利用回复、顶帖、刷点击等方式来辅助，让帖子成为热帖，加精、置顶等。在本书的第三篇中，会详细介绍一些方法和技巧，十分简单、易于实践，只要稍加学习和模仿，就可以达到很好的效果。

回收炒作数据。 进行完炒作后，需要做的最后一个步骤就是回收炒作数据。这个很简单，就是把投放在各大移动互联网平台上的炒作内容的反馈数据整理一下。比如在微信上投放的炒作内容有多少人点赞了，有多少人转发了，有多少人回复了等。

由于炒作是随着网络的诞生而诞生的，所以它已经渗透到社会的各个领域，而且炒作内容也是五花八门。其中，最常用的有情感式炒作、无聊式炒作、悬念式炒作、概念式炒作、落差式炒作、对比式炒作等。

比如，小米在2015年12月25日的年度会前，在微博上发布了一张倚天剑和屠龙刀的图片，让人产生了无限遐想，让大家都不由自主地去猜测。这种方式就是悬念式炒作。

再如，华为P8手机的摄像头RGBW传感器，引起了人们的好奇心，让人不由自主地去了解RGBW到底是什么。这属于典型的概念式炒作。

这些话题炒作的方式不尽相同，但是都直接起到了吸引人关注的作用。

打造爆品并不难办，最关键的就是行动起来，越早越好！

爆品传播需要把握时间点

在互联网经济大潮的背景下，越来越多的企业开始打造爆品。即使是传统企业，也在努力寻找新的突破口来打造一款爆品，以获得发展，而互联网理所当然地成为其转变的方向。然而打造爆品并不是盲目进行的，它和打仗是一个道理，也要讲究天时、地利、人和。

抓住了时间点就有可能抓住爆品成功的关键，所以企业在做爆品传播的过程中需要把握好时间点。把握好时间点有可能会事半功倍，没有抓住时间点就会事倍功半，甚至半途而废。可见，把握好时间点对企业传播爆品来说有着重要的意义。

时间点其实就等于时机。好的时机能使平庸的产品大卖特卖，而在不好的时机下，即便是好的产品也不会收获好的传播效果。时机并非运气，它是可以预测且可以把握的，只要把握好它，它就可以为你服务，否则，可能会输得很惨。

所以，现代企业都在努力抓爆品传播的时间点，有的企业为了传播，还形成了自己独特的爆品传播节日，比如"米粉节""华为荣耀狂欢节"等。

把握好爆品传播，借助网络手段抓住时机，这样企业才能在激烈的市场竞争中杀出一条血路。如果时机把握不好，企业就很难收获好的传播效果。善于识别与把握时机是极为重要的，那么要如何把握时机、抓住传播制胜的时间点呢？

总结起来，把握时机、抓住爆品传播制胜的时间点有以下三大技巧：

- 明确的目标
- 明确的步骤和方法
- 善于发现的眼光

◎ 明确的目标

做任何事情都一样，必须有明确的目标，没有明确的目标就像无头苍蝇，所做的所有活动都是盲目的。明确的目标影响着时间点的选择，要具备快速发现且最有效率实现其目标的最佳时间点，这样企业更容易取得爆品传播的成功。

◎ 明确的步骤和方法

目标的实现须有正确的步骤和方法，才能使其不偏离目标轨道。抓住时间点，需要做好各种准备，做好市场调研，了解市场的最新动态，发现用户最需要的是什么等，做好各种准备才能有的放矢、一击命中。

◎ 善于发现的眼光

时机是等不来的，一定要自己去发现，如果良机不来，那就创造时间点。小米创造了每年一度的4月8日"米粉节"，把产品传播加入到一个大的活动中，是爆品传播的一个重要体现。实现了产品活动化，带动了全民参与的节奏，吸引了众多眼球，促使其销量猛增。

每个企业都有其特殊性，从哲学上来讲，具体问题要具体分析。因此，企业在把握爆品时间点的时候，一定要结合自身的特点进行。

总之，抓住好的传播时间点，可以带来最直接的传播效果，获得更多的关注和人气，增加粉丝数量，形成口碑不断传播的"病毒式营销"，最终可收获更多的利润。

组织粉丝接力刷爆热点

粉丝接力，简言之，就是粉丝之间进行信息的不间断传播。传递的信息一般都是积极向上、阳光温暖、有爱心的事件信息。这些信息往往是能够引起人们积极主动地去关注的事情。

粉丝接力目前最普遍的方式就是微博、微信等社交软件热点信息的评价、转载、转发和分享。它使信息传播的范围不断扩大，以获得更大范围的普遍关注。一个企业的粉丝团创建一般都会经历以下三个阶段：

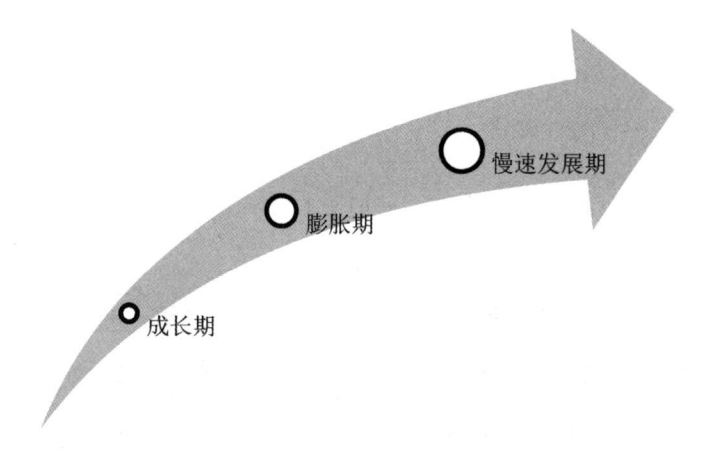

慢速发展期

膨胀期

成长期

粉丝都是实实在在的个体，然而个体的数量是有限的，所以任何一个爆品的粉丝都不可能持续高速地增长，更多的是在非常缓慢地增加。企业若想获得更多的粉丝，那就必须去挖掘潜在的粉丝，扩大你的爆品粉丝群。

但想要挖掘新粉丝，只靠企业是不可能完成的，这就需要企业与粉丝的共同努力。企业好比一棵大树，树枝就是其粉丝，如果树枝一直不能生长出新的枝叶或者原来的一部分树枝死掉，这棵大树即使枝干再大再粗也不会继续发展，甚至可能会死亡。

企业如果仅仅依靠忠实的老粉丝而不去发展新粉丝，就很难持续发展下去。世上没有一劳永逸的事情，唯有努力增加新粉丝，才有可能在激烈的市场竞争中占有一席之地。

企业在拥有一定粉丝数量的情况下，可利用忠实粉丝，借助热点话题传播企业信息与思想。但是，由于粉丝对信息转载、转发、分享都是自发的、盲目的，所以很难取得明显的效果。

因此，就需要企业组织老用户、铁杆粉丝，让他们有目的地传播信息。比如，年轻人关注更多的是和时尚有关的话题，这就需要借助当下的热点话题，转发或分享一些使大多数年轻人能够产生浓厚兴趣的时尚信息。

而当新增粉丝达到一定数量以后，运用新的思维，从多个角度去找到新的切入点，再去挖掘更多的潜在粉丝。新粉丝是企业的新鲜血液，只要企业做好产品内容和服务，就能吸引用户的关注，从而吸引更多的粉丝。

互联网络是错综复杂的，相互交错又相互联系的。正是这样的优势致使企业组织粉丝有针对性地去传播信息，让爆品进入公众的视野。

粉丝是自由的，有成为你忠实粉丝的权利，也有成为你"黑粉"的权利。一个爆品的粉丝可以简单地分为以下四类：

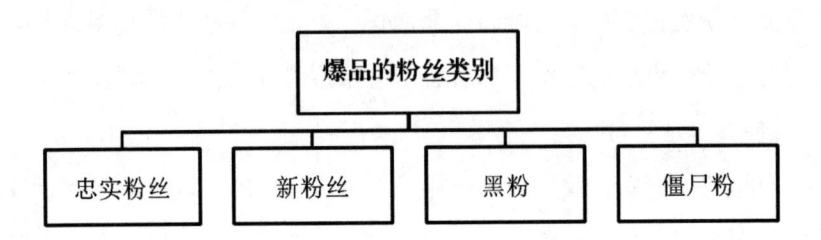

```
            爆品的粉丝类别
      ┌──────┬──────┼──────┬──────┐
    忠实粉丝  新粉丝    黑粉    僵尸粉
```

其中，前3种粉丝都有可能成为僵尸粉。所以，企业必须要处理好与各种粉丝的关系。正确合理而又具有创新性的处理方式往往会让粉丝"死而复生"，让"黑"变"忠"。但这其中的难度之大可想而知。

这又是要企业花大力气的地方，一个爆品如果没有粉丝的信息反馈，永远不会知道自己的缺点与不足，正所谓"当局者迷，旁观者清"。要想达到上述要求，最根本的是企业必须要提供优质的产品和服务，利用热门的话题，获得更多的关注。

粉丝接力可以形成一个"包围圈"，可以圈住潜在粉丝。它是一个在一定时间内持续性的事件，也因此构成了多方位、多角度的"包围圈"网络，利用热点话题去获得更大范围的关注。粉丝刷热点信息需要在企业的组织下有纪律、有针对性地进行，这样才能获得用户的尊重。

爆品的粉丝其实就是爆品的监督人，粉丝时时刻刻关注这家企业的爆品，对于爆品内容和服务的好坏，粉丝大多情况下都会直接反馈，这又能促使企业改进生产技术，努力把爆品做得更好。这样，就会形成一个良性循环。

传播过程中，如何应对对爆品不利的谣言

在爆品的传播过程中，经常会出现这样一种现象：当我们成功打造出爆品后，竞争对手或同行出于妒忌，或无法在正当途径上与我们进行对抗，就会散布各种虚假的消息，来抹黑我们打造出来的爆品，使其在不明所以的受众心目中形成恶劣印象。

这些招数虽然低劣，但无疑特别有效——会使我们良好的爆品运营状态被破坏，各种信任危机伴随着流言接踵而至，不明真相的用户和粉丝，便会纷纷停步门前而不敢踏入，本着"宁可信其有，不可信其无"的心态，选择另外的爆品。

企业在这时一定不要任状态自行发展，或沿着对手给我们设定的路线行走，更不要自乱阵脚，这只会中了对手的奸计。此时，企业需要召集各大媒体和同僚，及时召开新闻发布会向外界澄清。在澄清的同时，还要暗中观察，究竟是谁在散布谣言，谁在幕后捣鬼，是何居心，找到

证据之后，就可将其送上法庭，还本企业以清白。

谣言的杀伤力是相当大的，很多企业面对这样的事情都会大动肝火，莫须有地被扣上了各种和自己毫无关系的罪名，或者流言的散布者将本属于他人的事情强安在本企业的身上，将白的说成黑的，怎能不让人恼火。

如果恼火可以解决问题，尽可以让大火冲天，但恼火只会让企业的行为失控，而这恰巧中了流言发布者的圈套。那么在流言将爆品的声誉碾碎之前或者碾碎之后，我们该如何补救与化解呢？

面对爆品不利的流言，我们需要按照以下几点进行操作：

- 冷静面对
- 以事制牵
- 提供真相
- 不畏惧谣言

◎ 冷静面对

面对不利于爆品传播的流言，企业第一步要做的就是：冷静。

谣言止于智者，可世上的智者总是很少。蒙受不白之冤的企业首先要保持冷静，仔细分析谣言的出处和制造谣言的人是何居心。

嫉妒是引发谣言的最高危因素，企业平时要留心观察，哪些人会得红眼病，哪些人得了红眼病之后，不是去发奋图强，而是将心思用在给别人搞破坏上。

企业的包容和忍让只会让其误认为企业懦弱无能，但企业必须先包容和忍让抹黑自己的对手，以让世人看清其真实面目，而不能刚一开始就兵戎相见，这容易让真相混淆，给人一种应该各打五十大板的错觉。

兵书有云：以退为进。像这种小人，可以先让其得逞——只有在其得意忘形、忘乎所以时，才更容易抓住其漏洞，给其致命一击，让其以后都不敢行破坏之事。不然，小人是不会善罢甘休的，除非有更大的事牵扯着他，否则他会躲在阴暗的地方，随时随地跳出来"咬"一口、捅一下，企业要做好万全的防备和应对之策。

◎ 以事制牵

企业要想达到标本兼治的效果，就要在谣言发生后，将当事人以旁事牵制住，使其不得分身去再行炮制谣言。还要看有没有跟随他一起造谣的人，以及这些人是何居心，为何甘心为主犯所利用，对企业散布流言进行声誉上的破坏。

企业也要用心观察其在社会上的地位和角色，以及其到底有多少朋友、多少敌人，又有多少路人在"围观"。

企业要知道，坏人要是抱成团，力量也是很大的。这时候，还要先将他们拆散，再分而制之。一个人的言语微不足道，众口铄金才可怕，所以，谣言之火开始的时候，就要将其掐灭在炉膛里，不要等到其日后烧成熊熊大火，否则就要借助很多外力才能扑灭。

◎ 提供真相

企业在流言四起、声誉将被碾碎的时候,不要选择沉默。禅宗不怕谣言,是因为其知道真相早晚会浮出水面,而企业等到真相浮出水面那天,爆品可能早就消声匿迹了。所以,企业在流言面前不要沉默,要勇于发声,要勇于向社会去展现和解释自己。

在流言面前,企业面对公众、面对客户,若不加以解释,就没有人替你去提供真相。所以企业必须主动站出来向社会澄清,并请有关部门介入调查;否则,客户会在不明所以的情况下就都被别人抢走了。

所以,企业在面对爆品流言的时候,必须抓住最有利的时机出面澄清,给造谣者以狠狠的牵制和打击,以保证企业的正常运营。

其实,在流言盛行时企业会丧失掉大量不明真相的粉丝,企业的澄清行为则会让粉丝们回心转意,继续支持企业的发展。而当日后企业再次经历谣言攻击的时候,反而会让粉丝们不那么容易轻信了。也就是说,化解了爆品流言的企业,对流言也就有了较强的抵抗力了。

◎ 不畏惧谣言

任何事物都具有两面性,企业也不必过于畏惧谣言——谣言将爆品的负面形象在公众中流布之后,当企业挽回危局的时候,其信任度在公众中会比没经历谣言攻击之前更强,而且粉丝的支持将更加坚挺、有力,不会再轻易被动摇。

最后,想要提醒企业或商家的是,虽然新闻发布会或在网络上的文宣发声会帮助企业尽快洗脱谣言,但只有找到始作俑者,让谣言止于发源地,才是治本之策。

爆品传播禁忌：不要为博眼球而丢节操

博人眼球的目的就是为了吸引关注，让爆品得到传播。无论是企业还是商家，在爆品传播时，都会思考如何才能让自己的爆品博人眼球。在这个过程中，有些企业为了能够获得更多的关注，往往会动些"歪脑筋"。

无节操就是没有道德底线。色情、暴力、赌博是社会发展过程中的敏感话题，但在吸引人的注意力方面具有巨大的优势。因此，一些企业通过色情、暴力、赌博等无节操内容来博取眼球的现象屡见不鲜。

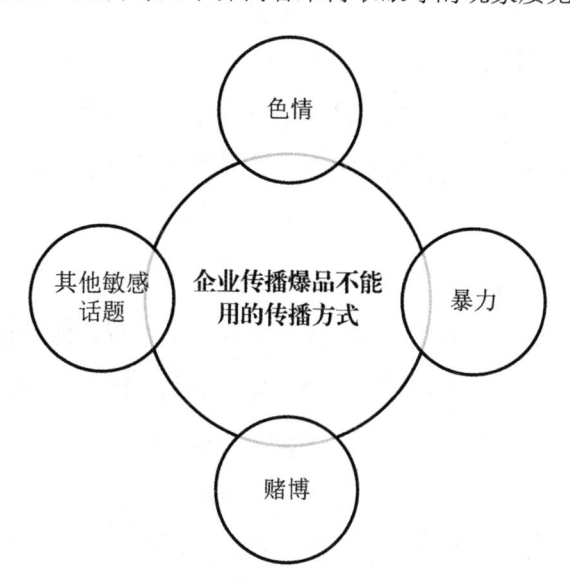

```
              色情
               |
  其他敏感 ── 企业传播爆品不能 ── 暴力
  话题          用的传播方式
               |
              赌博
```

虽然无节操的传播也能与上头条、刷热点一样，达到吸引关注的目的，但它却是不太健康的传播方法。无节操的信息往往都是违法、违规的，由于法律体系不健全、监督体系不完善等社会发展的不足，使得无节操的信息传播有机可乘，甚至大行其道。

企业背后拥有庞大的粉丝群体。企业的众多决定，粉丝都能第一时间知晓，粉丝对企业的决定都有权进行各种评价，企业应该尊重用户的想法。若企业一意孤行，剑走偏锋就会招致各种非议。

2015年的"双十一"网络购物狂欢节，各商家为了提高销量纷纷降价。"双十一"网购大战即将来临，为了和天猫、京东、苏宁易购等竞争，抢占市场，某电商在官方微信上打出促销广告——"有力度，才享受"。但这四幅促销广告全是男欢女爱的色情暧昧图片，赚足了眼球。这不得不让人质疑："某电商节操何在？"这种完全无下限、无节操的广告宣传，得到的更多是讽刺。

博人眼球的方式有很多，上头条、刷热点、网络炒作或者口碑传播都是可以使用的积极方法。企业无下限、无节操地做宣传只会让用户和粉丝产生厌恶感，会让他们觉得这个企业很低俗、缺乏企业文化。

企业文化是企业的灵魂，是推动企业发展的不竭动力。试想，如果一家企业没有企业文化、没有内涵，它能获得用户的认可吗？能获得用户的尊重吗？能不让原有的粉丝流失吗？

企业要打造爆品，就不能为博眼球而丢节操，眼球可以博，但节操不能丢，博眼球的方式一定要能被大众接受才行。博眼球的目的是为了吸引关注，获取更多新粉丝，提高爆品的知名度，而不是为了哗众取宠。无底线、丢节操的投机取巧的方式不可取，这只会让企业偏离发展的正常轨道。

粉丝拥有巨大的能量，企业若去触碰粉丝的容忍底限，有可能导致"火山爆发"，最终真正受到最大伤害的还是企业。所以企业要从全局出发、从长远利益出发来传播爆品，而不能为了眼前利益而忘乎所以，更不能为了吸引关注而丢掉节操。

第3篇　爆品推广与爆品营销

打造爆品，最关键的一步就是爆品的推广和营销。只有做好了爆品推广和营销，爆品才能真正打造成功。

第 8 章
爆品推广——如何引爆流量、抢夺消费者

爆品的打造,同样需要推广。论坛、微信、微博是爆品推广的重要的互联网平台。除此之外,爆品还可以应用目前异常火爆的"网红"直播进行推广。

微信：性价比高的爆品推广方式

微信推广是爆品企业最常使用的一种推广方式，同时也是一种性价比较高的推广方式。为什么这么说呢？这是因为微信不受距离限制，用户注册微信后，可与该平台上的其他"朋友"形成一种联系，订阅自己所需的信息。爆品企业可以通过提供用户需要的信息，推广自己的产品，进行产品预热，从而实现点对点营销。

总体来说，对于做爆品推广来讲，微信有以下几个天然优势：

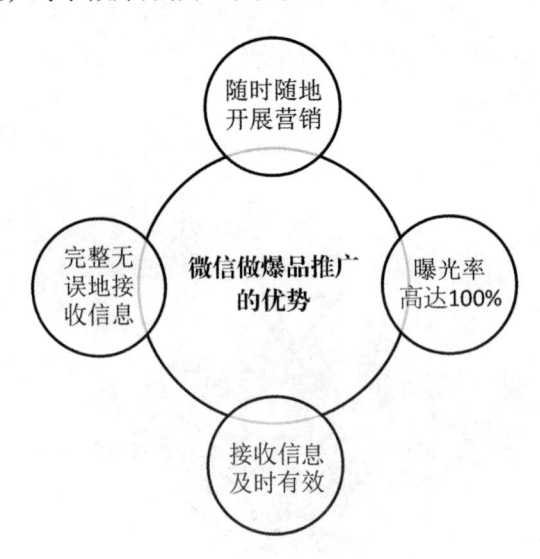

- 随时随地开展营销
- 完整无误地接收信息
- 曝光率高达100%
- 接收信息及时有效

（微信做爆品推广的优势）

企业要利用微信做爆品推广，需要借助移动互联网工具，即装有苹果系统或安卓系统的手机和平板电脑。

虽然微信如今已经是人人皆知的推广平台，然而，知道并不代表会用，很多爆品企业并不知道如何利用微信做推广。难道利用微信做爆品推广很困难吗？相信看完本节后，你的微信推广之路会走得更加顺畅。

◎ 最吸引用户的内容

爆品在制作微信内容时，要从粉丝的角度考虑，而不是一味地向粉丝推送企业产品信息。请记住，微信不是为企业服务的，而是为粉丝服务的，只有给粉丝想要的内容，他们才会更加忠实于你。那么，应该向粉丝推送什么样的内容呢？

以一个打造泡面为爆品的企业举例来说，可以想想泡面能带给粉丝的好处是什么，当然最大的好处是能带给粉丝便捷。因此企业可以经常向粉丝推送吃泡面的便利性，且不会影响身体健康的内容，然后适当地融入自己企业泡面的信息。只要内容吸引人，就会有一定的推广效果。

◎ 最用心的推送方式

大多数爆品企业的微信公众账号每天会进行一次群发消息，其实这个频率已经很高了。现在每个粉丝都会订阅几个账号，推送的信息一多，根本看不过来。

所以爆品企业在向粉丝推送内容时，频次最好一周不要超过5次，太多了会打扰到粉丝，最坏的后果可能是粉丝取消对公众号的关注。当然，太少了就引不起粉丝的注意了，觉得企业的公众号只是一个摆设。所以一定得把握好度。

爆品企业在向粉丝推送内容时，不一定局限于图文专题式的推送形式，也可以是一些短文本，文本字数一般为一两百字，最为关键的是内容能引发粉丝思考，产生思想的火花，形成良好的互动效果。

◎ 最实用的宣传技巧

微信自带的即时性和互动性、可见度、影响力以及无边界传播等特质特别适合应用病毒式口碑营销技巧。微信平台的群发功能可以有效将爆品企业拍摄的产品视频、制作的宣传海报和宣传的文字群发给微信好友。

企业还可以利用二维码的形式发送产品信息，这是一个既经济实惠又有效的推广模式，使粉丝主动为企业做宣传，激发口碑效应，将产品传播到互联网和生活的每个角落。

微博：爆品推广的主战场

作为爆品推广的第一战场，微博的社交属性被发挥得淋漓尽致。别看小小的一条微博容量仅有140个字，但因其信息发布便捷、传播速度快、影响面广、互动性强、低成本、企业形象拟人化等特点而成为了爆品推广的主战场。

◎ 如何设置微博

爆品企业进行微博推广的目的是要提高转化率，而要做到这一点，就必须让消费者和粉丝对企业产生信任。微博上传真实的头像，资料设置完善是爆品企业进行微博推广的第一步。

昵称是和微博定位关系密切的基本信息，爆品企业只要把握好其设置原则和技巧，就能随意地想出适合微博推广的昵称。

首先，在设置昵称前，企业要清楚以下四大原则：

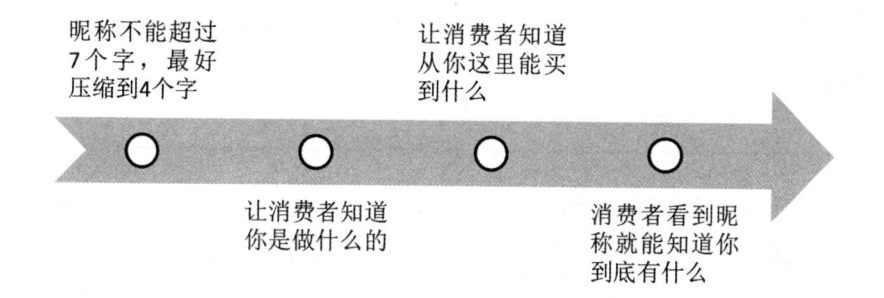

- 昵称不能超过7个字，最好压缩到4个字
- 让消费者知道你是做什么的
- 让消费者知道从你这里能买到什么
- 消费者看到昵称就能知道你到底有什么

按照以上四大原则设置好微博昵称后，基本就可以起到推广的作用。但是，如果想要让你的微博昵称让消费者看一眼就能瞬间被吸引住，企业还应该注意以下两个设置技巧：

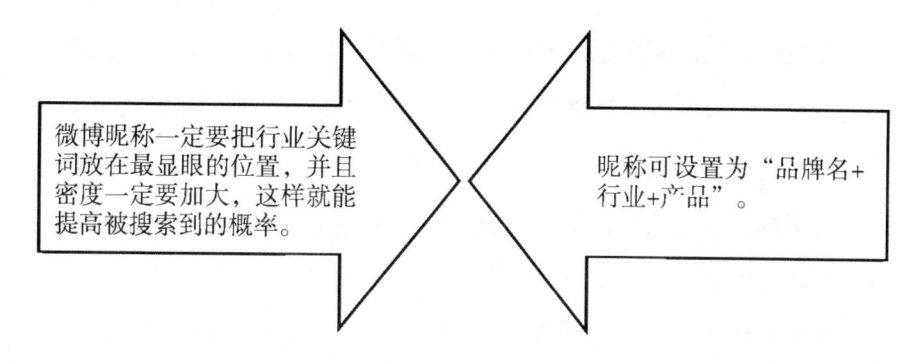

- 微博昵称一定要把行业关键词放在最显眼的位置，并且密度一定要加大，这样就能提高被搜索到的概率。
- 昵称可设置为"品牌名+行业+产品"。

总之，爆品企业在设置微博昵称时首先要考虑搜索的需要，注意用户的搜索习惯。用户一般是搜索行业或者产品，不会直接搜索品牌名，设置昵称要能保证被广大消费者尽早地发现。

微博讲究有头有脸，爆品企业应该以真正的面目示人。微博的头像就相当于微博的脸面，如果是企业和品牌微博，可以用品牌Logo做头像；如果是电商微博，可以用店面或商品图片做头像。

微博简介是微博账号基本信息的一项重要内容。爆品企业可以根据自己的产品准备一些词组，去掉个人标签用掉的几个，剩下的就写到这里来。

编写简介内容的时候，还要考虑到关键字搜索的概率。主要注意以下两点：

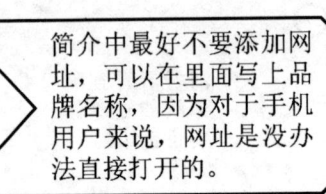

> 简介中最好不要添加网址，可以在里面写上品牌名称，因为对于手机用户来说，网址是没办法直接打开的。

> 简介中的关键字不要用标点符号隔开，尽量用空格键隔开。

◎ 微博推广的技巧

设置微博只是微博推广的第一步，如果觉得微博设置好后，就可以利用微博进行有效的爆品推广了，那就大错特错了。我们还要把注意力转到微博内容的更新上。爆品企业在进行微博推广时，一定要保证微博内容与爆品内容有联系，每天要定时更新，不需要太频繁，平均每天10条左右就可以了。

虽然要让微博内容与爆品内容有联系，但企业也应该让自己的微博内容有吸引力。如果企业微博翻来覆去都是些陈词滥调，假大空，那么粉丝就会渐渐感到失望，微博推广也会以失败而告终。

反之，如果每天都能推送一些有趣的事情，或者创意视频，就会发现，粉丝慢慢多了，认可度也慢慢提高了，越来越多的人愿意转发企业的微博，而企业也达到了微博推广的目的。

我们根据爆品企业进行微博推广的案例，总结出以下企业输出微博内容的三大技巧：

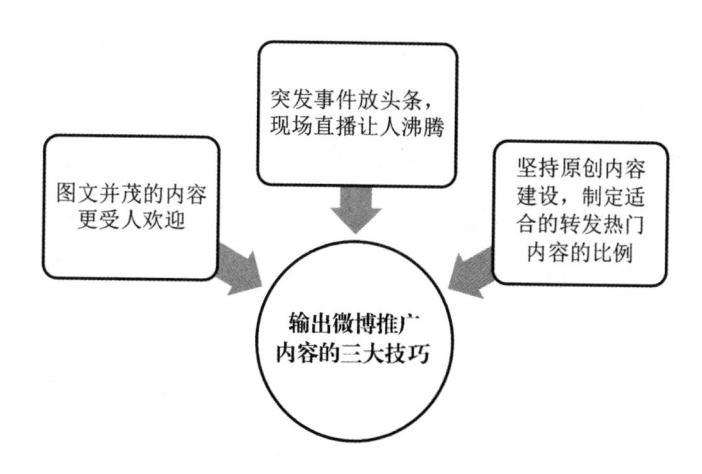

- 图文并茂的内容更受人欢迎
- 突发事件放头条，现场直播让人沸腾
- 坚持原创内容建设，制定适合的转发热门内容的比例

→ 输出微博推广内容的三大技巧

◎ 如何在微博上与粉丝互动

日常生活化的信息交流、互动、产品展示，成为爆品企业在微博上最热衷的展现内容。真实、亲切、接地气的生活化表达，能够瞬间拉近企业、个人与粉丝之间的距离，让微博变成了企业与粉丝之间的一座桥梁，这样的社交脱离了利益的牵绊，看上去非常纯粹，因此能够调动起粉丝的情感，让粉丝在不知不觉间进入互动的交融中，与企业建立友好关系模式。这就是爆品企业在微博里打出的生活互动牌。

归纳起来，可以通过以下两个方法与粉丝进行互动。

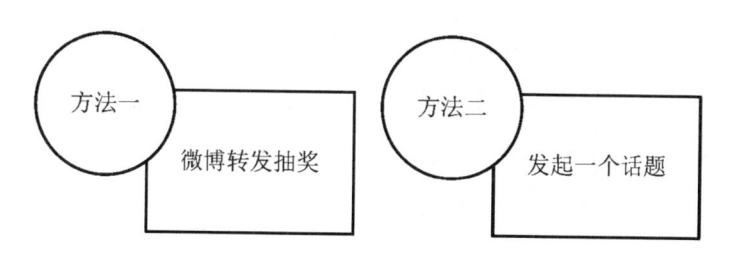

- 方法一：微博转发抽奖
- 方法二：发起一个话题

微博转发抽奖。 企业可以在微博里开展转发抽奖、节日红包等福利诱惑，这是企业进行互动推广的一个大招。那么，有奖活动究竟该怎么做呢？这是所有微博推广者都需要面临的一个问题，而答案是——关键在于"参与度"。

活动的设计人员需要结合爆品的性质、奖品资源等，通过创新的方式设计活动，使其创意与乐趣兼备，让用户通过某些形式深度参与这些活动，能够得到一些更加有意思的体验，而非转发和@3个好友这么简单。通过这样的活动参与，潜移默化地灌输企业想要传达的推广信息，这才是成功的有奖活动应该做到的。

发起一个话题。 所谓互动，并不是只局限于利用明星效应和奖品刺激来提高企业的关注度。可以利用自己的品牌和产品魅力，邀请粉丝参与品牌主题的活动，从而提高话题的讨论度。也可以针对一个问题和自己的粉丝展开讨论，或者就某个疑问向广大粉丝征求解决意见等，这都是互动的有效形式。

爆品企业在微博发起话题时，为了达到推广的效果，要注意以下三个原则：

> 话题和企业自身密切相关 → 话题易引起用户共鸣 → 话题能帮助用户解决问题或者让用户获得某些利益

微博作为一个平台，处在不断的发展和进化中，微博推广的各种策略也在不断地衍生出各种新的内容。说到这里，必须再次强调的是：企业用微博进行爆品推广选择策略的角度和视野并不局限于以上技巧，本节更多强调的是微博推广策略的基本原则。

由于企业自身的情况和面临的环境各不相同，并且它们处在不断的变化之中，关于微博的定位和所发挥的作用也各有偏好，企业更需要在实践中不断地学习和总结，灵活运用各种策略的组合，使微博在爆品推广中发挥应有的作用。

论坛：效果最好的爆品推广方式

所谓论坛推广，就是爆品企业和个人利用论坛这种网络交流平台，通过文字、图片、视频等方式发布产品内容的信息，从而让更多的潜在消费者知道爆品，最终达到宣传品牌、进行爆品推广的效果。

目前，我国排名前五名的论坛如下图所示。

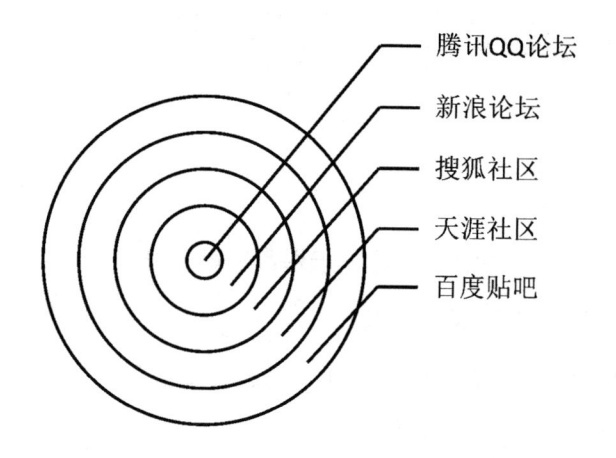

- 腾讯QQ论坛
- 新浪论坛
- 搜狐社区
- 天涯社区
- 百度贴吧

爆品推广的方法有很多种，其中论坛推广资历最老，效果也是极佳的。但有很多企业认为它是最简单、最老土的推广方法，不值一提。

诚然，论坛推广是伴随着互联网成长起来的最早的线上推广方法之一，以易上手、实用性强一直沿用至今，但由于论坛推广比较耗费精力，而且需要一定的软文功底，这让不少企业头痛不已。那么，为什么还会选择论坛推广呢？下面总结了四点论坛推广的优势。

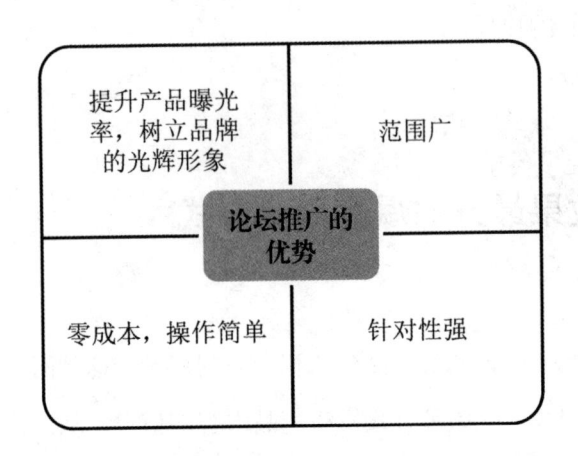

```
┌─────────────────┬─────────────────┐
│  提升产品曝光    │                 │
│  率，树立品牌    │     范围广      │
│  的光辉形象      │                 │
│         ┌───论坛推广的───┐         │
│         │    优势       │         │
│         └───────────────┘         │
│                 │                 │
│  零成本，操作简单 │    针对性强     │
└─────────────────┴─────────────────┘
```

知道了什么是论坛推广和利用论坛做爆品推广的优势后，接下来，你肯定会问：如何利用论坛做爆品推广呢？不要着急，下面向大家一一传授论坛推广的实践操作。

◎ 挑选人气论坛

论坛的人气是决定所发的关于爆品的帖子能不能火起来的首要因素。贴子写得再精采，如果放在一个网民少的论坛上，就算是最显眼的位置也没有多少人去看。所以，利用论坛做爆品推广的第一步就是：挑选人气论坛。

那么，如何挑选人气论坛呢？我们可以通过网上的一些数据侧面了解哪些论坛比较好，或者可以通过百度、搜狗等搜索引擎了解。不同的产品选择的论坛或论坛版块是不同的。比如，明明是服装，却发到饮食版块,浏览的人数肯定不会太多,而如果放在时尚版块的话就合适多了。

另外,我们可利用"站长之家"做一个筛选表格,在"站长工具"里查询论坛的百度权重指数、ALEXA排名、站内链接数、建站时间、反链数等。具体的样式可以参考下表:

论坛名称	百度权重指数	ALEXA排名	站内链接数	建站时间	反链数
天涯	9	全球排名:64;中文排名:12	814	2003.03.17	6532
猫扑	6	全球排名:5414;中文排名:458	321	1999.09.19	10236

需要提醒大家的是:切记投放贴子的论坛不要太多,量力而行,根据自身的能力来选择。用户群要精准,选择合适的地方投放,避免做"无用功"。

◎ 论坛发贴推广的四大技巧

发帖是论坛做爆品推广的重中之重,更新、回复帖子是维持论坛活力不可缺少的活动,逛论坛看帖子已成了网上浏览的重要组成部分,因此只有爆品的帖子写得好,才能吸引网民阅读、回帖,甚至是转发。

软文经常被比喻为一个网站的血液,在这个眼球经济的时代,网民就是我们决定在论坛上炒作软文帖子的重要因素。如何把软文帖子写得有吸引力呢?下面总结了四种方法。

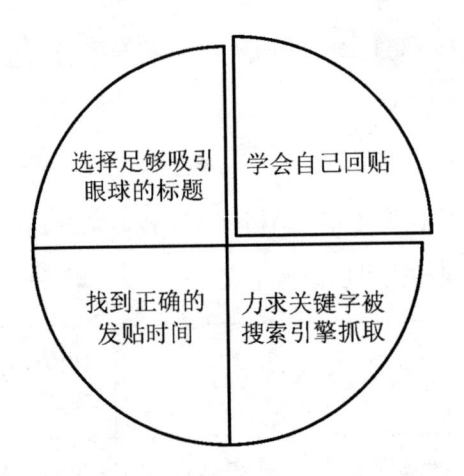

```
┌─────────────┬─────────────┐
│ 选择足够吸引 │ 学会自己回贴 │
│ 眼球的标题   │             │
├─────────────┼─────────────┤
│ 找到正确的   │ 力求关键字被 │
│ 发贴时间     │ 搜索引擎抓取 │
└─────────────┴─────────────┘
```

选择足够吸引眼球的标题。 网民对信息新奇度的辨别率非常高，只有足够吸引眼球的标题，才能换来网民的高点击率。

例如，某企业准备做一场面膜产品推广时，在天涯论坛上发表了一个题为"你还在用面膜杀手吗"的贴子，其点击率由每天400多飚升至每天8000多。

在选择标题的时候，应当忘记自己推广者的身份，而用在网上冲浪的网民思想来选择标题。下图总结了写标题的注意事项。

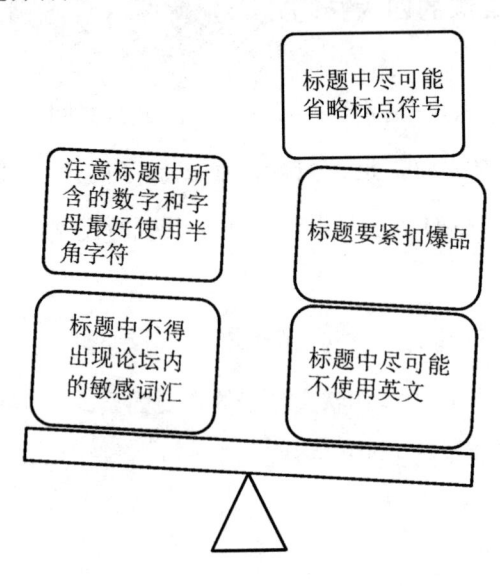

- 标题中尽可能省略标点符号
- 注意标题中所含的数字和字母最好使用半角字符
- 标题要紧扣爆品
- 标题中不得出现论坛内的敏感词汇
- 标题中尽可能不使用英文

学会自己回贴。要学会自己回帖，利用注册的其他账号，在不同IP地址的情况下，给自己的帖子回复不同的内容。要知道自助者天助，只要不露出太多的马脚，不要让每个账号回复的评论语气都是一个感觉，就差不多可以让发布的帖子暖起来，从而得到浏览量，吸引网民大片"围观"。

当然这是在账号足够多的情况下，才能获得这种效果。如果没有多个账号，在进行暖帖的过程中就会无法正常运作，只能放弃在论坛做爆品推广了。

力求关键字被搜索引擎抓取。我们不能只守着论坛中的网民，应该扩大阅读人数，这可以利用搜索引擎来实现，只要关键字被搜索引擎抓取，阅读人数就会越来越多。有人说过，一篇好的推广软文，不是用华丽的辞藻堆砌而成的，而是关键字贯穿于整篇软文，却让网民在阅读时很难发现。

找到正确的发贴时间。一篇帖子能否被关注和发帖的时间也有很大的关系。如果我们选择在午夜过后发表，推广效果就会大打折扣，因为该时间段的在线人数相比其他时间段少之又少，贴子自然会缺少关注。

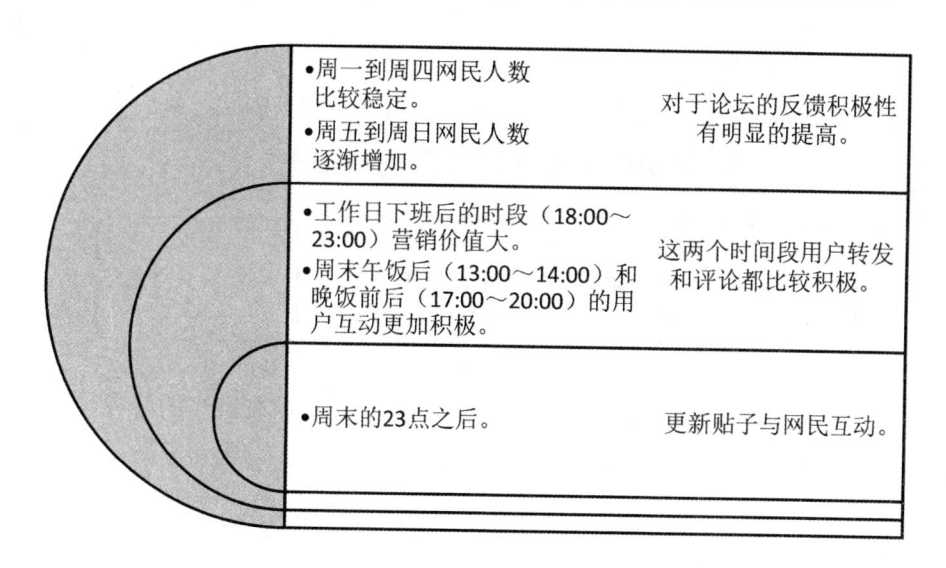

• 周一到周四网民人数比较稳定。 • 周五到周日网民人数逐渐增加。	对于论坛的反馈积极性有明显的提高。
• 工作日下班后的时段（18:00～23:00）营销价值大。 • 周末午饭后（13:00～14:00）和晚饭前后（17:00～20:00）的用户互动更加积极。	这两个时间段用户转发和评论都比较积极。
• 周末的23点之后。	更新贴子与网民互动。

总之，论坛做爆品推广看上去很简单，但是想要做好、做出效果却是有难度的。认为只要写篇关于爆品的贴子，然后不停地复制粘贴就行了，这是错误的想法。我们只有按照上述操作步骤和技巧，一步一步做好，才有可能充分利用论坛为爆品做好推广工作。

网红直播推广：目前最火的推广方式

作为2016年发展起来的新兴的经济形态，直播必然成为一个高度符合现代消费逻辑的模式。网红，由于拥有强大的粉丝团而可以让爆品企业实现点对点的超精准推广。

随着市场经济的发展，现在的市场营销理念早已不是先有产品再进行推广，而是先有市场后有产品。这对于一般企业来说难度极大，难就难在如何先行培育市场，而这对于网红来说可谓手到擒来。

直播的营销对象无疑是数量庞大的观众和粉丝群体，网红的走红程度也就是其经济价值是由其粉丝和观众数量决定的。因此，我们可以把网红直播推广的过程看作是一个培育市场的过程。

网红 ➡ 粉丝群体培育 ➡ 实现购买行为

在这一过程中，网红直播培育粉丝群体的过程就是推广的过程。随着网红直播粉丝量的不断提升，其潜在营销对象群体也在不断扩大，从而来满足爆品推广的条件。

那么，爆品应该如何利用网红直播来为自己推广呢？下面有三个行之有效的方法。

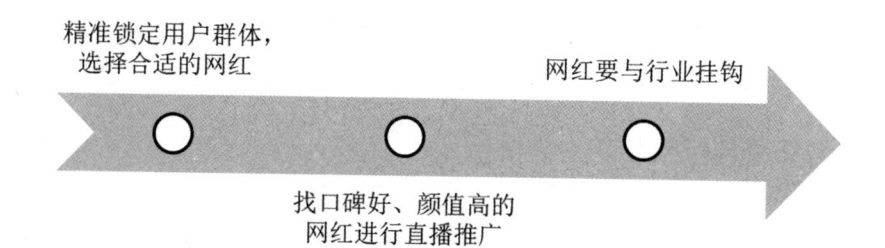

```
精准锁定用户群体，              网红要与行业挂钩
选择合适的网红
           ○        ○        ○
              找口碑好、颜值高的
              网红进行直播推广
```

◎ 精准锁定用户群体，选择合适的网红

对于直播推广来说，完成市场培育的同时还要尽可能培养符合后续产品购买期望的用户群体，以便在接下来的爆品营销中增加成功率，这才是重中之重。要做到这一点就要求企业在定位用户时力求做到精准锁定，根据爆品的特点选择与之相符的网红。

在选择网红时，要掌握网红粉丝群体的喜好、购买习惯、购买能力等多项综合数据。

网红由于具备较强的个性化特征，所以在吸引粉丝时能够自动实现"人以群分"，把相同性格、经历、爱好、文化类别的观众吸纳成群。企业需要做的就是根据网红的粉丝群体，挑选出合适的网红进行直播推广。

◎ 找口碑好、颜值高的网红进行直播推广

爆品企业在寻找网红直播推广爆品时，不要找一些有负面新闻的网红。虽然这样的网红或许关注度很高，但因为过多的负面信息，导致他们所带来的经济价值与他们的关注度并不成正比。更重要的是，他们的负面形象会对爆品品牌产生不利影响。所以，当我们在寻找做直播推广的网红时，要找一些口碑好、颜值高的网红。

◎ 网红要与行业挂钩

进行直播推广的网红，除了口碑好、颜值高以外，还要与我们的行业挂钩。比如，如果我们打造的是服装类、零售类等爆品时，那么我们可以找网红进行直播推广。但如果我们打造的是一些高价格的宝贝，比如皮草、珠宝之类的，建议最好不要通过网红直播进行推广，因为对于消费者来说，推广这样的产品，网红没有说服力。

第 9 章
口碑营销——爆品极速传播的技巧

　　口碑是任何一个爆品持续健康发展的核心因素之一，是企业能够营销成功的基石。口碑营销从传统的口口相传演变而来，发展成为一种新兴的营销方式。它能够为企业降低营销成本，防范未知的传播风险，表现出很高的商业应用价值，因此受到了广泛的关注。

没有口碑的产品不可能称之为爆品

一件产品想要引爆市场，成为爆品，口碑是非常重要的。口碑通过消费者口口相传，带来影响，形成效应。好口碑才能赢得人气，带来销量。一个产品，没有好的口碑就不能广泛地传播、形成影响力。没有口碑的产品不可能成为爆品。

那么，到底什么才是口碑呢？我们通过下图可以清晰地知道这一点：

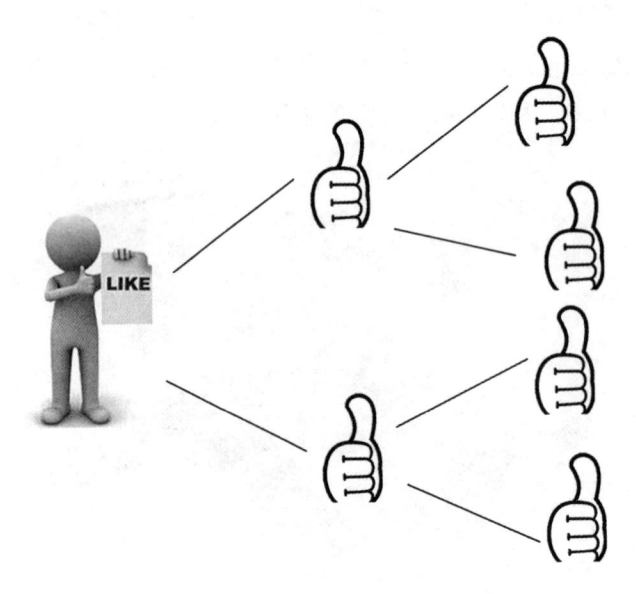

通过上图，我们可以知道所谓口碑，就是指人们口头上的颂扬，通过口口相传为产品做免费的传播。这样不仅大大降低了企业的广告宣传成本，而且更加真实可信。

80、90后的年轻人，作为当代的主要消费群体，他们生长在信息爆炸的时代，相比广告他们更愿意相信使用者口里说出来的对产品的感受。

所以，要想打造出爆品，最重要的是有好的口碑。俗话说"酒香不怕巷子深"，这句话在快节奏、信息爆炸的当代可能并不适用，所以要有好产品、好服务，更要有好口碑。

说到这里，很多人认为要为爆品赢得好口碑，就要加大宣传力度，只要广告宣传做得好，就会有好口碑。其实不然，广告的关键作用是"告知"，而口碑营销的关键点是"传播"。

成功的口碑营销，必须借助好的营销方案。好产品加上好的营销方案，才能做出成功的口碑营销，二者缺一不可。

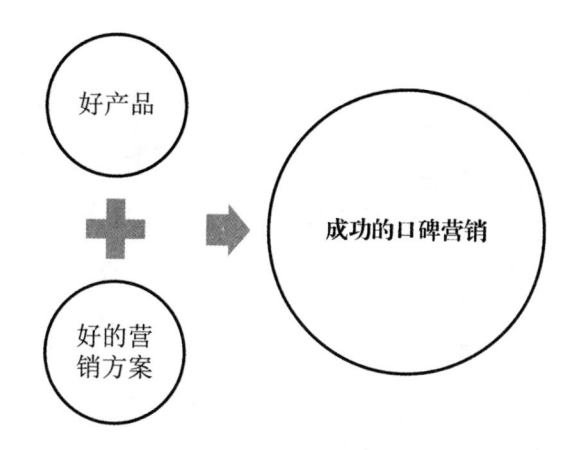

好产品 ＋ 好的营销方案 → 成功的口碑营销

成功的口碑营销带来好的口碑，然后在消费者之间传播，形成影响，更多消费者蜂拥而至，一件爆品就这样诞生了。

相比于其他的营销方式，口碑营销对于打造爆品有哪些优势呢？归纳起来，主要有以下三大优势：

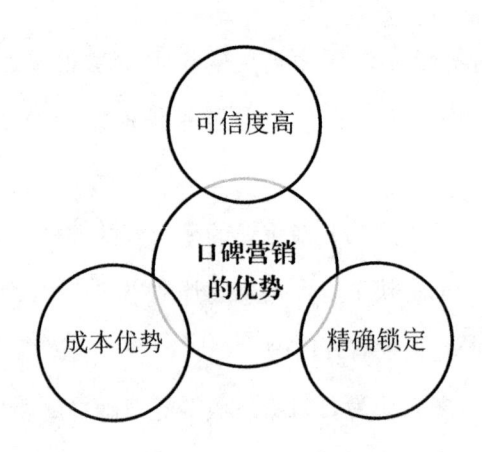

```
        可信度高

    口碑营销
     的优势

成本优势      精确锁定
```

◎ 口碑营销最大的一个优点就是可信度高

一般情况下，口碑传播都发生在朋友、亲戚、同事、同学等关系较为密切的群体之间，或是源于对特定意见领袖或"达人"的信赖。在进行口碑传播之前，他们之间已经建立了一种长期稳定的关系。相对于纯粹的广告、促销等营销手段而言，其可信度显然要高得多。这个特征是口碑传播的核心，也是开展口碑宣传的一个最佳理由。与其不惜巨资投入广告、促销活动来吸引潜在消费者的目光以产生"眼球经济"效应，不如通过这种相对简单的"用户告诉用户"的方式更能增加消费者的好感和忠诚度。

◎ 口碑营销具有较为明显的成本优势

通过社会媒体对舆论的创造，可以使得大众产生对此事件的关注和议论。在这种舆论的基础上，一些曾经有过良好产品体验的消费者会继续使这种效应进一步扩大，而这一切几乎都是免费的。在这个方面，海尔初期的成功可以说与良好的口碑营销有着密切的联系。

◎ 口碑营销可以迅速准确地锁定市场群体

不同的消费群体之间有着不同的消费习惯和个人偏好，因此不同人群之间构成了相对稳定的小团体。他们有相近的消费趋向和相似的品牌偏好，只要影响了其中的一个人或者几个人，在这种沟通手段与途径无限多样化的时代，信息便会以几何级数的增长速度传播开来。

由此可见，口碑营销对于打造爆品来说是一种非常行之有效且成本极低的营销方式。在传统环境下，这种面对面的口碑传播，虽然成本低、效果好，但却传播速度缓慢且范围有限。而在当前网络环境下，人们一旦有了需求，往往都会上网去查找相关的信息，于是口碑营销终于迎来了爆发式的发展。

口碑产生的根源是超越预期

近年来，经济、科技都取得了突飞猛进的发展，科技的发展促进了通信技术、互联网技术的进步，社交工具如雨后春笋般不断涌现，拉近了人与人之间的距离，促进了人与人之间的交流，其中以Twitter和微信、微博社交软件发展得最好。

相比以前，产品的口碑基本上都来源于一些亲朋好友，或者熟人同事这样的圈子，不仅传播速度慢，传播范围也小，同时传播内容具备很强的主观性，没有良好的印证方式。社交网络传播则具有速度快、效率高、周期短等强大优势。随着互联网的快速发展，以及社交网络的迅速普及，人们接收和发送信息的效率越来越高。人们可以通过网络了解某款产品的信息，以及消费者的意见反馈等。

如今，人们对新产品往往抱着观望心态，对产品广告往往持怀疑态度，却对社交软件朋友圈中对某件产品的评价深信不疑——朋友圈里面的人都是认识的人，是可以相互信赖的人。其实，这就是移动互联网时代社交的基本特征之一。

在互联网快速发展的今天，任何企业的成功都离不开用户的支持。但如何得到用户的拥护与支持是企业必须要考虑的问题。想得到用户的肯定与支持无非就是重视用户对产品的体验感，其中最能反映用户体验感的就是他们对产品的反馈，包括提出的意见建议、对产品主动自愿地进行口碑传播等。

当前，互联网技术的发展如日中天，传统媒体对信息的垄断地位也被打破。在消费者心中，电视上播出的商品广告远不如自身圈子中的口碑传播更能让人产生信任。比如，在微信朋友圈中一位影响力颇高的网友对某件产品的评价，往往会影响到很多人对该产品的间接理解以及对该产品的定位。若是好的评价，那么就有很大的可能引来众多网友的交流评价，从而影响到整个微信朋友圈，引发更多朋友圈内的人对此产品进行口碑传播。反之，这件产品就很可能受到整个微信朋友圈的人的抵制。这就是人们在互联网中建立起来的新的信用体系。

"天下武功，难快不破。"这反映了"快"的重要性，但是仅仅靠"快"还是不行的。中国经济由"又快又好"向"又好又快"的转变是中国经济发展思路的一次重大创新。这体现了快与好之间的某种联系，在快的前提下发展好，又要在好的基础上发展快，要统筹兼顾。无论是快与好，还是好与快都体现了效率的问题。我们要做到快与好兼顾才行。

当今，互联网的快速膨胀，使互联网信息的传播速度和效率远远超过其他的传播手段，人们通过网络发布一条消息，可以在很短的时间内传到网络世界的每一个角落、传遍全球。这种传播的效率和速度无疑更能进行有效的信息传播。互联网正是由于具备了这些优势，于是越来越多的商家把握住这个机会，利用互联网进行产品营销，利用网络自媒体和社交工具进行商品信息传播，扩大更多人对爆品的认识。互联网传播不可能只有企业单方面的宣传，用户的宣传才是真正决定该爆品命运的关键。我们在天猫、京东、亚马逊等网络商店可以发现那些对产品的好评其实在某种意义上就是对该产品的宣传，而好评率高的产品肯定会吸引更多的人前来购买。其实，好评就是好的口碑，就是一种网络宣传手段。相反，就会无人问津。很多人会在微信朋友圈或者微博里面发信息来评价某件商品，其实这也是属于一种小范围的口碑宣传。

互联网使口碑传播的速度和效率得到了快速提升，并在不断地催发出一些营销奇迹，口碑传播在产品营销过程中所起到的作用越来越至关重要。例如，由苏有朋导演的处女作青春电影《左耳》，没有像《复仇者2》《万物生长》等电影那样的明星阵容，但是它却获得了极大的成功、极高的评价，这主要是因为该电影抓住了社会的主流人群80后、90后，与他们的青春时代产生共鸣，从而拥有了强大的口碑，以致周围的人奔走相告。《左耳》从2015年4月24日到5月26日取得了相当不错的成绩，拿下了4.83亿元的票房。电影属于文化产品，该电影能够获得成功主要是靠其口碑。但是口碑的形成是由其内容价值决定的，该电影没有强大的明星阵容，却收到了超预期的效果，这就说明超预期才是口碑的力量之源。

然而，一个企业的持续发展不是靠一两款好口碑的产品决定的，企业需要在每推出一款产品之前，对产品进行精雕细琢，把好质量关。只有这样，才能在产品上市的时候得到更多人的认可。而认可该产品的人就可能在有意或无意之中去宣传该产品，让该企业形成良好的口碑，这样才能得到消费者的信任，企业才能长远地发展。

在2014年全国IT领袖峰会上，小米董事长雷军提出了一个具有前瞻性的观点："互联网思维的核心是口碑！而赢得'好口碑'的方法既简单又困难，那就是做出的产品要超出用户的心理预期。"小米能够获得成功，就是因为它深谙口碑的力量，重视口碑营销，并将口碑传播的力量发挥到了极致。小米与用户进行的线上线下交流互动，就是为了发现用户更深层次的需求，然后推出超出用户心理预期的产品与服务，从而极大地提升用户对小米的忠诚度，然后这些忠实用户就会主动在互联网上替小米进行口碑传播。

网络媒体的快速发展带来了全新的营销环境，也使企业面临着日益高涨的营销成本和不可预知的传播风险。口碑营销从传统的口口相传演变而来，通过与互联网络技术的融合，发展成为一种新兴的市场营销方式，能够为企业降低营销成本，防范未知的传播风险，表现出很高的商业应用价值，因此受到了广泛的关注。与传统广告相比，口碑营销拥有不可比拟的优势。具体来说，口碑营销主要有以下两点优势：

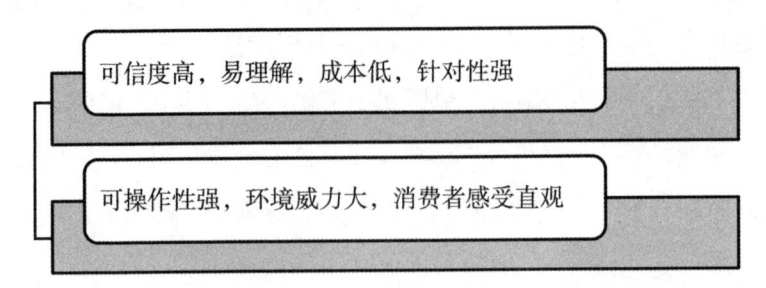

- 可信度高，易理解，成本低，针对性强
- 可操作性强，环境威力大，消费者感受直观

可信度高，易理解，成本低，针对性强。 口碑是消费者对产品或企业的客观评价，所以企业想要获得良好的口碑必须以提供良好优质的

商品和服务为前提。口碑宣传的范围基本上都是在自己的朋友圈中进行，相比网络上某些不真实的虚假广告，有很高的可信度，容易理解。如今，互联网的宣传力量无疑是极其惊人的，同时传播费用几乎是可以忽略不计的。因此，任何企业都可以利用网络口碑为自己的产品进行宣传，这样不仅可以取得良好的效果，还可以节省信息传播成本。每当某款产品或者服务得到广大用户欢迎的时候，其就获得了相当的口碑基础，往往都会引起消费者的广泛传播。而传统广告一般采用的都是单方面的没有针对性、无差别的宣传，内容可谓千篇一律，消费者反而觉得厌烦。口碑传播是互联网用户之间一对一的互动，甚至是熟人之间的交流。消费者都有自己的交际圈子，相互之间也有足够的信任。而朋友圈中的人推荐的往往是他们使用过的，且认为值得购买的产品或者服务，因此，这种口碑传播往往更具针对性，也更值得用户信赖。

可操作性强，环境威力大，消费者感受直观。在互联网飞速发展的今天，网络是口碑营销最常用的手段，网络传播本身具有速度快、效率高、周期短、操作简单等特点，而口碑传播也具有相同的特征。随着网络用户量的增加、智能手机的普及，关于某件产品的评价，我们可以通过各种网络终端了解其中的信息，具有范围广的特点。若是关于某件产品的正面新闻，我们可能就会增加对该产品的认可度；反之，就会对该产品形成不好的印象，并且会提醒朋友圈内的人不要去购买此产品。比如，iPhone爆炸的新闻就在一定程度上减少了iPhone的销量，可见网络环境的威力之大。同时，在网络商城上很多的评价是带有图片的评价，好的评价就是优质的口碑，这种带有图片的口碑评价能让消费者有更直观的感受。

世间万物，任何事物都是有利有害的，口碑营销相比传统营销虽有很大的优势，但是其缺点与不足也是不容忽视的——口碑营销也存在效果慢、可控性低、监测难度大的局限性，这就需要商家要充分发挥口碑营销的优势，弥补其不足之处，以获得更大的发展。

总之，口碑传播可以帮助企业在最短的时间内聚集最高的人气，提高品牌影响力，让产品变得炙手可热。超出消费者心理预期的产品，无疑可以让消费者享受到更好的体验，而这就有助于企业形成良好的口碑，从而使产品获得更好的宣传效果。

爆品进行口碑营销的三大核心技巧

在上面的小节里，我们知道了爆品进行口碑营销的基本原则和步骤，接下来，你一定会问：如何做好"口碑营销"？这正是下面将要告诉你的爆品口碑营销的三大核心技巧：

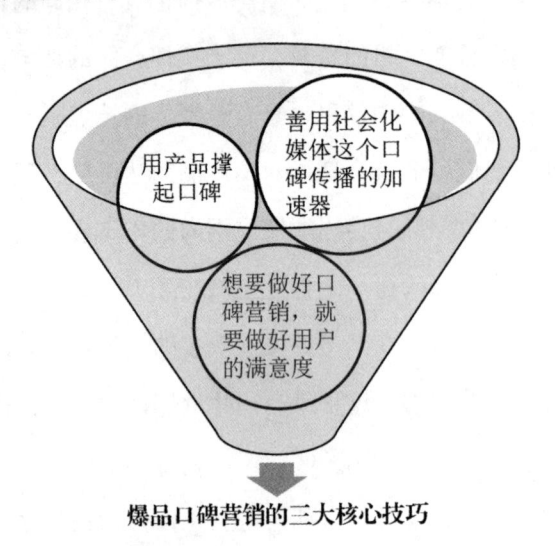

爆品口碑营销的三大核心技巧

- 用产品撑起口碑
- 善用社会化媒体这个口碑传播的加速器
- 想要做好口碑营销，就要做好用户的满意度

◎ 用产品撑起口碑

如今，已经进入到了"以口碑选择产品的时代"，而爆品的良好口碑已经不能单单通过宣传的方式来实现，更多的还要依靠质量优良、甚至超过用户预期的产品。

雷军曾经说过，一个爆品要想拥有好的口碑，好的产品就是源动力和发电机，也是所有营销的基础。如果企业的产品很给力，哪怕营销做得差一点，那么这个爆品的口碑也不会差到哪里去。

相反，如果产品不行，或者消费者不喜欢，那么很有可能就会带来负面的口碑效应，不但对爆品营销没有帮助，反而还会在人们的口口相传中将企业逼上绝路。

所以爆品想要有一个好的口碑，那么好的产品就是重中之重。对于爆品来说，口碑就是生命；而对于口碑营销来说，产品就是生命。产品好比是一把"双刃剑"，既支撑着爆品，又支撑着口碑，而不过关的产品只能让企业的口碑和爆品生命变得岌岌可危。

随着互联网经济的不断发展，消费者越来越重视他们所得到的最终结果，也就是说口碑的传播和营销最终还是要依靠产品的质量来说话。对于想要打造爆品的企业或商家来说，想要打赢口碑这场战役，想要爆品营销取得成功，就必须把握住产品质量这一关。

◎ 善用社会化媒体这个口碑传播的加速器

伴随着电子商务和社会化媒体的逐渐兴起和发展，社会化媒体也将成为消费者交流口碑信息的重要渠道之一。消费者为了对一件产品做出正确的购买决定，往往会通过参考口碑来制定购买的计划和决策。

随着移动互联网的普及，网络口碑成为消费者制定消费决策的又一重要参考。而且互联网上口碑评价数量十分庞大，可以根据消费者自己的需求来搜索、筛选所需的内容。而对于想要打造爆品的企业和商家来说，好口碑需要让更多的消费者更快地知道，因此需要善用社会化媒体这个口碑传播的加速器。

对于爆品来说，社会化媒体环境下的口碑营销结合了传统口碑营销和普通网络口碑营销的特点和优点。

对于消费者来说，他们既可以透过网络看到自己亲朋好友关于某件产品的评价，又能看到来自于世界各地的人们的评论。

而对于打造爆品的企业和商家来说，既可以加速爆品口碑的传播，又能根据消费者的评论来有针对性地改进或遏制口碑的恶化。具体来说，我们可以通过下表来详细地了解一下三者的区别：

口碑类型	口碑传播范围	信息流动速度
传统口碑	熟人，范围狭小	缓慢
普通网络口碑	陌生人，范围广泛	迅速
社会化媒体口碑	熟人+陌生人，范围广博	迅速

在社会化媒体的大环境下，口碑的传播在沟通渠道、传播方向、匿名性、同步和异步四个方面与传统的口碑传播出现了差异性。

打造爆品要做好社会化媒体口碑，首先要掌握社会化媒体口碑营销传播的四个主要渠道。

```
┌─────────────────┬─────────────────┐
│     微信        │    QQ空间       │
│      ┌──────────────────┐         │
│      │ 社会化媒体口碑营销 │         │
│      │ 传播的四个主要渠道 │         │
│      └──────────────────┘         │
│     微博        │    论坛         │
└─────────────────┴─────────────────┘
```

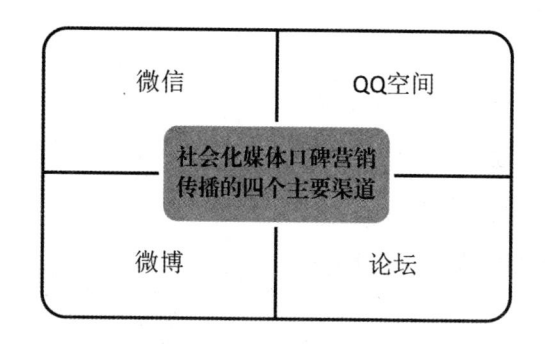

当然，每个企业和商家的产品以及经营情况都不一样，所以在利用社会化网络渠道建立口碑时的做法也不尽相同，甚至是同一家企业，在不同的阶段借用的口碑推广渠道也不尽相同，这里很少有放之四海而皆准的方法。企业和商家可根据自己的情况选择合适自己的社会化媒体口碑营销的传播渠道。

◎ 想要做好口碑营销，就要做好用户的满意度

打造爆品想要做好口碑营销，就要做好用户的满意度。如果只知道做口碑营销而不注重用户的满意度，那口碑营销就不是为爆品做宣传，而是在扩大爆品的负面消息。

小米科技创始人雷军曾说过这样一句话："一个公司最好的评价是用户口碑，同时用户口碑也是一个企业的生命线。一个公司想要处理负面影响，需要花很多的时间和资金去处理，还未必能消除影响。但是用户口碑会很快将你公司的形象传播出去，所以我说，用户口碑是电商行业的生存底限。"

诚如斯言，对于想要打造爆品的企业和商家来说，如果用户不满意，企业又拿什么谈营销？拿什么谈粉丝忠诚度？对于消费者来说，在日常生活中，如果觉得某企业的产品非常好，甚至超出了他的预期，那

他的第一反应一定是告诉身边的其他人。每个人都有着自己的圈子，基于这一个人，然后再传递给其他人，就这样一个一个的小圈子慢慢地都连接在一起，逐渐地形成一个巨大的圈子，而关于这个"产品"的消息也便会以惊人的速度传播开来。

但是如果起初这个人传播的是负面消息，古人告诉我们"三人成虎"，那毫无疑问这些负面消息会迅速地传播开，同时也会越传越恶劣、越严重，最终会给该产品的营销带来严重的负面影响。

所以对于爆品营销来说，没有满意度，口碑就是空谈。要知道，只有用户满意的爆品，才能形成口碑；而有口碑的爆品，才能成为营销成功的爆品；只有成为营销成功的爆品，才是真正的爆品。

归根结底一句话，打造爆品过程中，你服务好了用户，用户才会给你点赞，你的好名声才能传播开来。

爆品进行口碑营销必须具备的四大要素

爆品在进行口碑营销时必须具备四大要素，这四大要素如下图所示：

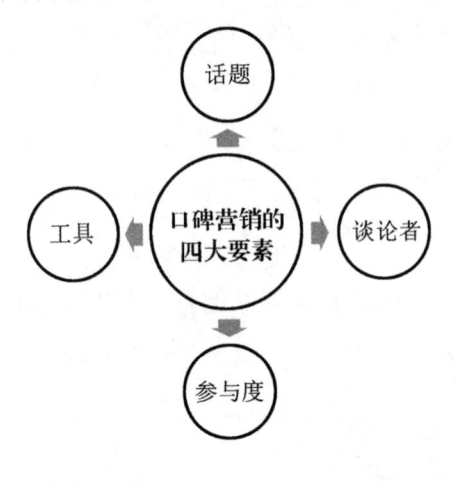

```
                    话题
                     ↑
                     |
        工具 ← 口碑营销的 → 谈论者
                  四大要素
                     |
                     ↓
                    参与度
```

◎ 没有话题的爆品算不上爆品

我们在谈论一件爆品的时候，通常是围绕这几条来议论的，质量、价格、优惠、代言人等等。爆品的口碑营销其实就是话题炒作，网友讨论得越激烈，产品就越火爆。俗话说"没有绯闻的名人算不上名人"，那么没有话题的爆品也算不上爆品。

◎ 没有谈论者就成不了气候

有了话题，没有谈论者也是成不了气候的，爆品的口碑营销就来自于这群谈论者。推出爆品的企业首先要考虑哪些人会主动讨论企业的产品，是代言人的粉丝？还是忠实用户？抑或是感兴趣的媒体和经销商？

目前，爆品的口碑营销都是站在消费者的角度展开的，其代表就是产品试用。如果我们换个角度，把产品放在一个大的竞争环境里，其实会找到更多的营销出口，每个出口都有自己的通行证，只要满足通行证上的要求，就能打开新世界的大门。

◎ 刺激谈论者积极参与话题的讨论

有话题，有谈论者，企业还得刺激谈论者积极参与话题的讨论。和用户、粉丝保持良好的互动关系，是开展口碑营销的前提，也是传播良好口碑的保证。网络世界从来不缺话题，缺的是话题和产品的契合点，契合点找准了，用户和粉丝自然就参与进来了。

◎ 运用好口碑营销工具

做到前三点，可以说是"万事俱备"了，那东风在哪里呢？东风就是营销工具，朋友圈、微博、空间说说、贴吧、论坛都是口碑营销的理想工具。如何运用好这些工具，也是个技术活儿。不仅要准确把握这些工具各自的特点，而且平台不同，口碑营销的后期反馈也不一样。

如何创造传播内容——制造引爆点

在爆品营销的过程中，想要口碑传播得快，就必须要打造有影响力的内容。如果营销内容不能刺激消费者，掀起一波营销的高潮，那口碑营销就是纸上谈兵，没有实践意义。

爆品营销人员常常为了一个爆点话题绞尽脑汁。想要找一个具有话题性的营销内容，让爆品口碑营销顺利进行，我们不妨试试以下两个办法：

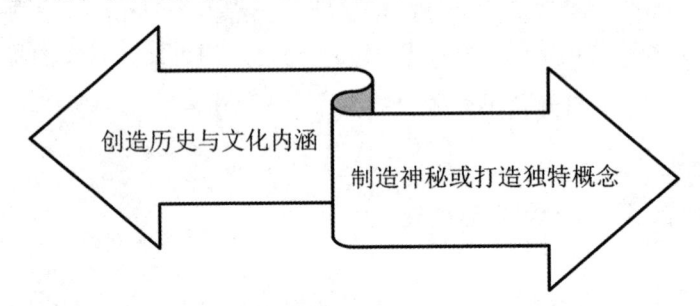

创造历史与文化内涵 ⟷ 制造神秘或打造独特概念

◎ 创造历史与文化内涵

现在很流行这样一句话——"我有酒，你有故事吗？"可见，故事对人的吸引力还是很大的。在这里，我们可以把故事理解为一个品牌的内涵、历史。一段动人的故事一定能赋予爆品独特的意义，也更能给消费者留下深刻的印象。故事本身的真实性和说服力就能使消费者产生极大的品牌忠诚度。

好的品牌故事会增加消费者对品牌的正面认知，加深对品牌的印象，进而关注和重视与故事有关的企业，增加了品牌的亲和力和可信度。一款爆品，如果拥有自己的品牌故事，那么就如同一个名人有着传奇的历史一样，会增强自身的魅力。

品牌故事赋予品牌以生机，增加了人性化的感觉，也把品牌融入了顾客的生活……因为人们都青睐真实，而真实就是品牌得以成功的秘籍。

那么什么样的爆品故事才算是好故事呢？好的爆品故事必须具备以下两个因素：

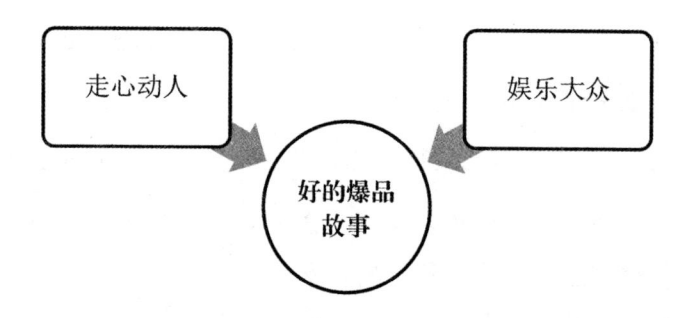

走心动人 → 好的爆品故事 ← 娱乐大众

几乎所有的爆品都有属于自己的品牌故事，或走心、或娱乐地展开这种文化营销的同时，深深地抓牢消费者的情感。好的故事会记录一个品牌的发展历史，会展现一个企业的核心实力，更会传承一个品牌的文化价值。

下面，我们就从这两个因素来谈谈如何制作好的爆品故事。

首先，制作出以情动人且走心的故事，以打动人心。 一个好的爆品和品牌除了以质取胜，还要做到以情动人，让消费者认同企业所崇尚的品牌文化背后的故事。互联网时代的口碑营销要做到极致、做到完美，就要想办法让用户主动传播企业品牌的故事，只有那些真正深入消费者内心的故事，才能打动消费者。

如今，以情动人的品牌故事有很多，无论是爆品品牌创建者的传奇故事，还是在品牌发展过程中所发生的品牌故事不一而足。比如海尔张瑞敏怒砸26台不合格冰箱创立海尔品牌的故事，肯德基销毁当天卖剩的汉堡包以保证汉堡包每天都是新鲜的故事等等，都是走心的、感人的故事，这些故事被消费者口口相传，使得产品销量节节上升，品牌得以重塑。

其次，以当下流行元素为素材，演艺娱乐，传播路线。 爆品故事，对于企业的运营和爆品的营销都是起着积极正面的作用，好的爆品故事会对消费者的思维产生一定的影响，让他们认可企业的品牌文化和品牌价值，并且根深蒂固，不会轻易改变。除了走心的爆品故事之外，企业还可以当下流行的人事物为素材，走娱乐路线借力实施。

这里的娱乐式故事元素很广泛，可以是新颖奇特的故事形式，以动物为主人公做某事件描述，也可以是与流行元素沾边的八卦新闻。另外，人们都喜欢在网站上关注影响力较高的名人，名人发布的某条新闻信息和言论，很快就会引爆流行并传播出去。

不妨让我们的爆品故事，搭乘娱乐快车，迅速进入消费者的视线，在故事中植入企业品牌或者产品信息，以达到爆品推广、品牌推广的目的。很多看似无法改变的事情，并非真的如此，关键在于我们能否找到准确的爆点。

◎ 制造神秘或打造独特概念

自古以来，人们总是对神秘的东西感到好奇，鬼神、法术、妖怪，越是神秘人们越是想知道。赋予一件爆品神秘感，不仅可以让爆品神圣化，还能让名声迅速传播出去。爆品的神秘感有以下两大基础：

独特 + 质感 → 爆品的神秘感

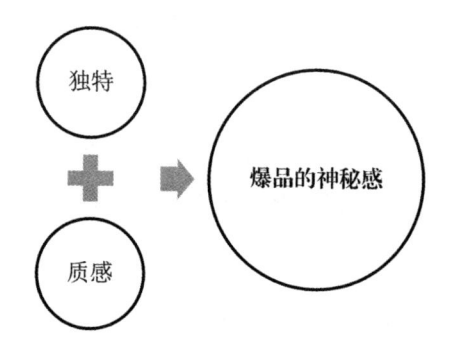

"独特"是让爆品无法被复制,"质感"就是为这份"独特"穿上了华丽的外衣。

企业想要打造出爆品,为爆品进行好的口碑营销,就要构筑爆品在市场中的独特性,不断巩固自己的核心竞争力。当你把核心特性做到极致,让对手没办法模仿,那就是你口碑营销的资本了。产品专利、秘密配方等核心竞争力本身就非常具有说服力,把这些"神秘感"传播给消费者,不但把消费者的胃口吊得十足,也提高了爆品的竞争力。

如何选择传播人群——找到意见领袖

上一节我们讲到,如何制造爆品口碑营销的内容。当我们为爆品准备好了故事,谁来陪我们喝这杯酒呢?这时,我们就要着手找目标传播人群了。一件爆品在进行口碑营销时,面对的营销对象数量是非常庞大的,基数大意味着这群人有年龄差异、性别差异、性格差异等等,如果进行无差别营销,显然效果会大打折扣的。

营销对象的差异要求我们应选择正确有效的传播介质,通过这些传播介质把内容传达给更多的人。选好传播介质,是爆品营销选择传播人群的一个重要策略。

什么是"传播介质"？就是人群中的"意见领袖"。爆品营销就是要找到这些具有影响力和煽动性的人，他们社交群广泛、号召力强，他们愿意和身边的人分享新鲜事物。如果企业可以寻找到这样的传播者，那么无疑会让口碑营销的效果事半功倍。

网络上常年"潜水"的用户不计其数，他们虽然很少发言，但是他们会参考自己所处圈子其他人的意见。这个时候，就是"意见领袖"发挥作用的时候了。所以，找到和打造意见领袖是开展口碑营销的关键，通过"意见领袖"引导那些常年"潜水"的消费者的消费意向，这一环节直接影响着爆品营销的走向。

不仅每一类爆品都有自己的"意见领袖"，且同类爆品中也存在不同风格的"意见领袖"。他们在自己的领域非常有话语权，能够直接影响圈子里其他的消费者的想法。想要爆品成功传播，企业就要区分这些群体，找到各自的"意见领袖"，好好和他们合作。我们把"意见领袖"分为以下三类：

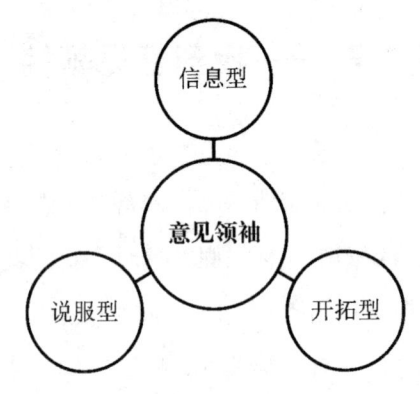

◎ 信息型意见领袖

这种意见领袖消息十分灵通，他们不一定会买爆品，但是对爆品的发布情况、营销进度了如指掌，就是一个行走的"爆品大百科"。他们知道的信息非常多，比如哪个十分火爆的品牌要打折了，哪家十分火爆的餐厅要出新菜了，他们全都门儿清。这类人在营销中担任着"扩音器"的角色，散布信息是他们的专长。并且，这类人大多数是女性，因为女性对这些生活资讯非常关注。

◎ 说服型意见领袖

这类人非常喜欢给别人出谋划策提建议，他们能说服身边的人购买自己推荐的产品，这类人就像是企业的编外销售人员。他们喜欢点评自己使用过的产品，和身边的人分享使用感受，往往这些交流能影响其他人的消费决策。由于他们经常分享自己的产品使用经验，他们对一件产品的评价，能够让身边的人感到非常权威。

◎ 开拓型意见领袖

这类人就像是"好奇宝宝"，他们对所有事情都充满好奇心，喜欢尝试新鲜事物、体验新产品。并且，还往往有一群人等着他们的体验汇报。开拓型的意见领袖喜欢引导他人购买产品。在实际生活中，这种意见领袖以时尚人士和都市白领为主。

在实际的营销过程中，假如我们可以通过研究消费者，准确地找到这些"意见领袖"，我们就能搭建口碑传播的链条，充分发挥"意见领袖"的价值。

如何深入扩大传播效果——全员参与显成效

讲完了内容和对象，想必大家对爆品的口碑营销已经有了比较基本的了解了。接下来，我们来看看如何通过全员参与的方式来深入扩大口碑传播的效果。

现在的市场，任何事情与互联网都联系紧密，爆品营销不能只依靠企业自己，而是要依靠群众的力量，才能达到营销的效果。比如，我们提到快递，首先会想到顺丰；提到火锅，首先会想到海底捞。这些品牌之所以火爆，是因为它们为顾客提供了良好的产品体验。

爆品的口碑营销最重要的一点就是要让全员参与，全员参与营销设计的范围非常广泛，营销环节中的每一个点都需要团队的协作才能成功。爆品的成功离不开每一位参与人员的努力，他们无时无刻不在关心着爆品的发展。全员营销是否能够达到预想的效果，取决于团队每一个人的工作态度和工作方法。想要做好爆品的口碑营销，我们可以从以下几个方面入手：

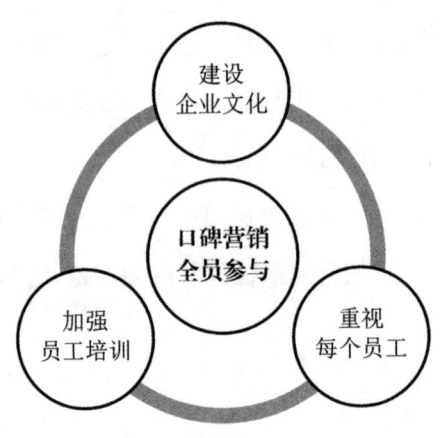

建设丰富多彩的企业文化，提供丰富的爆品全员营销理念。 企业想要制造爆品，首先要让员工深刻理解本企业的文化内涵以及特色，而促进企业文化发展最好的办法就是开展丰富的文化宣传活动。企业要确保管理理念从"有形"向"无形"转化，成为每个员工的行为准则，取得全体员工的认同。这样，爆品全员营销才能取得理想的成绩。

加强企业员工培训，为全员营销提供先进的技能。 爆品全员营销不是一个单一的事件，而是由许多复杂环节紧密相连的。从产品生产到客户沟通，每一个环节都需要员工的支持。因此，加强员工培训尤为重要。员工培训不仅要让他们了解产品，还要培训他们如何为客户提供优质的服务，让客户体会到企业的用心，最终达到全员营销的目的。

重视每一个员工，不留企业"形象死角"。 企业形象不仅仅体现在广告、办公环境上，更体现在员工的精神面貌和言谈举止上。每一位员工都是企业的名片，因此，必须要加强对员工的管理。从企业高管到保洁人员，都是企业的"活广告"。虽然保洁、保安不会直接和客户交流，但是他们的形象会影响客户对企业的判断。所以加强基层员工层面的形象打造有着非常必要的意义。

总之，爆品全员营销不是单打独斗，营销的成功，需要每一个部门、每一位员工的参与和努力，做到人人营销、事事营销、时时营销、处处营销、内外部营销联动的氛围，从而增加企业凝聚力，提高爆品的市场竞争力。

如何引导和监控效果——热度是这样炼成的

爆品在进行口碑营销时,制定一套完整的营销计划非常重要,然而"计划赶不上变化",为了应对营销过程中的突发状况,我们还要对营销过程进行全程监控。

这里的监控除了保证计划安全进行,还要对实时营销数据进行分析,对活动效果进行跟踪,确保活动达到预期的效果,保证营销计划顺利进行。

那么,在监控爆品口碑营销的过程中,我们应该怎么去评估营销效果?如何控制营销的事态发展,让活动达到我们预期的热度?

归纳起来,有以下四个方法可以让我们很好地去评估爆品口碑营销的效果,控制营销的事态发展,让活动达到我们预期的热度:

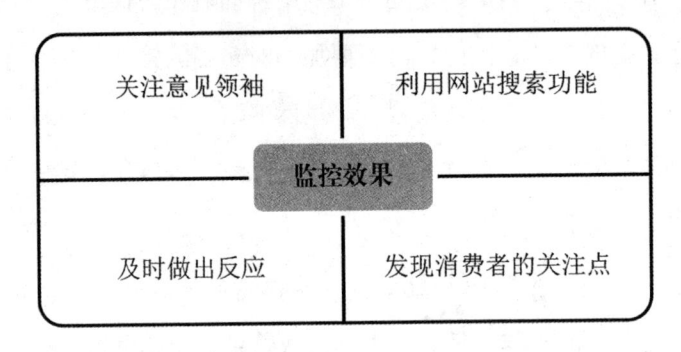

关注意见领袖	利用网站搜索功能
	监控效果
及时做出反应	发现消费者的关注点

关注意见领袖的网络言论。意见领袖在自己的领域是很有影响力的,他们发表的言论一定程度上影响着舆论的走向。假如他们发表了对某一爆品的负面感受,一定会影响到消费者的购买欲望。因此,实时关注意见领袖的言论,对爆品口碑营销来说很重要。

充分利用SNS网站等媒体资源的搜索功能。智能手机的发展，让全民进入信息时代，人们每天在各大社交网站获取的信息量大到我们无法想象。这些内容，有的被我们忽略，有的被爆品企业收集起来做数据分析。对于想要打造爆品的企业来说，利用好社交网站的搜索功能，是搜集顾客对品牌态度的最直接、最简便的方法。企业也可从各方面的信息反馈中分析出特定事件的发展趋势和持续监测最新主题的内容动向。

根据舆情监测结果及时做出反应。光是监管并没有多大的作用，在监管过程中发现问题、及时调整营销策略才是重点。假如检测结果很理想，我们就要趁热打铁，让营销更上一层高楼；如果检测结果显示不尽如人意，就要及时做出反应，消除负面影响，保证口碑营销顺利进行。

关于发现消费者的兴趣点。想让自己的爆品不仅口口相谈还口口相传，就得让自己的爆品足够"爆"。有了爆点大家才愿意谈论，才愿意分享信息。企业想要制造爆点，就要善于发现消费者的兴趣点，并且打造与之有关联的话题，鼓励大家传播。

在这里，我们不妨来看看"毓婷"是怎么做的。

"毓婷"作为一款避孕药，上市之后，安全性和有效性一直是大众关心的问题。不断有人将产品的副作用放大，对产品提出质疑的声音。"毓婷"这一产品本来就具有特殊性，因此，用户就更容易被负面舆论左右，从而影响对产品的正确认知。

毓婷因此开始了数据分析，他们通过媒介工具、人工统筹等方法过滤出网络上对"毓婷"产品的负面消息，发现大多集中在"不孕""宫外孕""月经不调"等问题上，于是他们针对这些问题在相关论坛上进行了求助和讨论。

通过粉丝反馈，他们发现，大多数的负面影响来自于国内用户对紧急避孕产品认知的缺失。发现问题后，"毓婷"开始有针对性地纠正产品的口碑，通过"两步走"的方法，展开了"毓婷"互联网洗脑风暴。

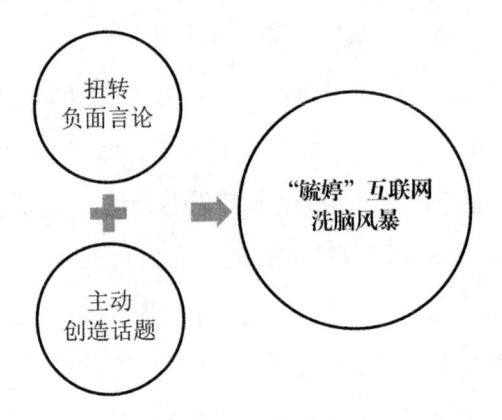

扭转负面言论 + 主动创造话题 → "毓婷"互联网洗脑风暴

第一步，"毓婷"先扭转网络上已有的负面评论。首先，对症下药，针对不同的负面内容进行对应的纠正方法，根据不同的话题点安排不同角色的专业推手介入。就算帖子的主题相同，但是他们引导的侧重点也不一样。其次，通过角色扮演（网友、专家、使用者等等），重新树立产品形象，建立产品口碑。

第二步，主动创造话题，输入正面信息。"毓婷"通过多个角度在网上发布信息，让产品的正面信息不断涌现，同时定期对这些内容进行维护。并且，"毓婷"还不断地关注网友的心理变化，改变帖子的侧重点。有的是网友的亲身经历，有的是专家的专业分析，还有的是对网友的困惑怀疑进行解答。

通过对网络口碑的检测，"毓婷"发现了问题，及时给出了回应并制定帮忙策略，为其日后稳固市场地位、扩大市场份额打下了坚实的基础。

通过"毓婷"的案例，我们发现，想要口碑好，就要先有拿得出手的产品，再配上优秀的创意、合适的传播途径和强有力的舆论引导，才能达到营销的效果，爆品也就应运而生了。

第 10 章
粉丝营销——如何让粉丝成为爆品的免费推销员

粉丝营销对于爆品打造的重要性是不言而喻的,这也使得企业放下身段,开始认真经营粉丝。遗憾的是,在经营的过程中很多爆品企业不得要领,导致吸粉困难,很难让粉丝变成爆品免费的推销员。为此,本章系统地向你传授吸引粉丝持续关注的各种方法,希望能为你打造爆品、成功创建粉丝经济助上一臂之力。

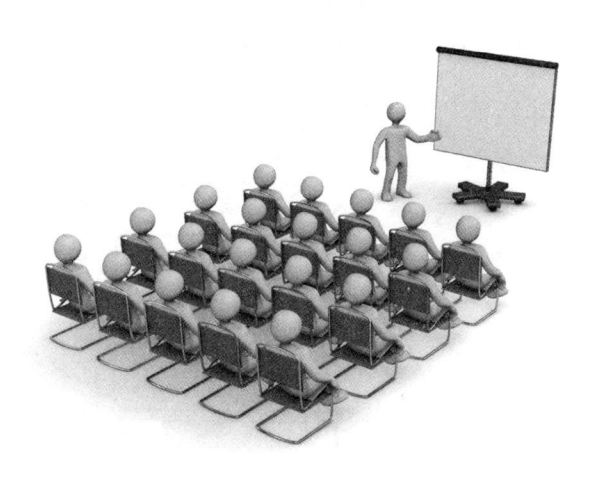

爆品最正确的营销方式就是粉丝营销

粉丝经济时代，爆品也需要培养和经营粉丝。要积累更多粉丝，增强和粉丝之间的黏性，就必须在粉丝身上投入更多，建立沟通渠道，充分了解粉丝。

苹果几乎所有的产品都是爆品，而苹果公司打造爆品的成功，有很大一部分原因是来自粉丝。果粉们对苹果的产品有十二分的狂热，从手机、电脑、平板到音乐播放器等数码产品都要选择苹果公司的产品。他们也同样崇拜乔布斯，将乔布斯奉为精神领袖。只要偶像和产品受到批评，这些粉丝便会进行激烈的反驳，他们会全力维护偶像和苹果公司的品牌形象。

爆品与粉丝的关系是互相依存的，爆品吸引粉丝，而粉丝成就爆品。粉丝对于爆品打造来说，拥有巨大的能量和商机。

那么，粉丝究竟对于爆品打造有什么作用呢？归纳起来，主要有以下三点：

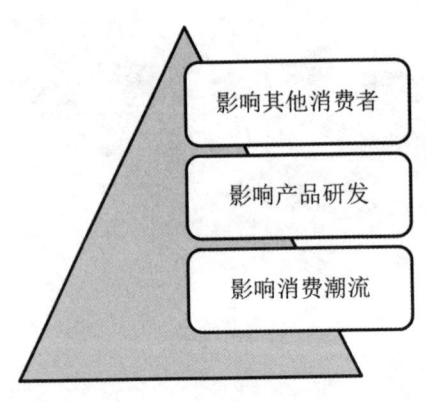

- 影响其他消费者
- 影响产品研发
- 影响消费潮流

◎ 粉丝影响消费潮流

经济快速发展的现代,供需关系发生了巨大的变化。消费者不再是被动接受的一方,而是想有更多的参与感,并且希望得到重视。企业也必须研究透彻产品和服务的受众,与受众培养感情,才能成功营销。

为了扩大市场份额,传统的营销方式是这样做的:

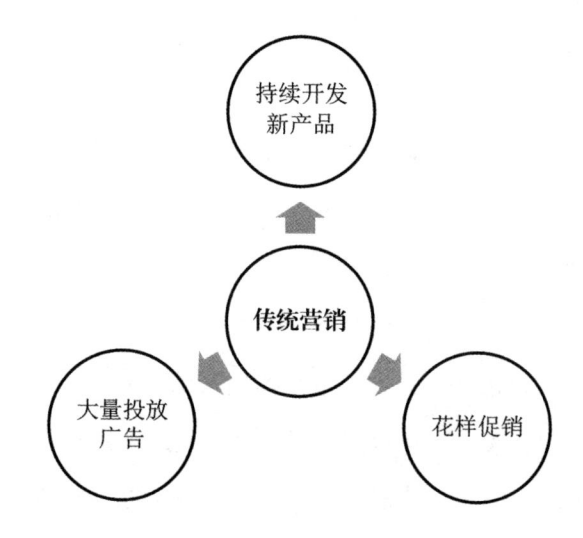

```
         持续开发
         新产品
            ↑
         传统营销
         ↙    ↘
    大量投放      花样促销
      广告
```

然而,这样成本巨大的营销过程只有少数商业巨头公司能够实现,而且通过这种营销方式吸引到的消费者并不是"粉丝",对爆品和品牌并无多少忠诚度。当爆品或服务出现问题,这部分消费者会很快抛弃这个产品。年轻化的消费者希望拥有个性化、体验化,甚至与众不同的产品。因此,未来发展小众产品将是巨大的商机。

当爆品创造出了一种独特的品牌文化和个性,粉丝就会对爆品产生一种归属感,苹果公司赋予产品一种"极客"氛围,树立拥抱科技、接受新事物、走在当代科技前沿的形象,吸引了一大群"果粉"和数码产品发烧友。即使苹果产品相对同类产品价格偏高,粉丝依然甘之如饴。

从苹果的例子可以看出粉丝的巨大价值，他们甚至能左右企业产品发展的方向。企业必须重视粉丝，而且要让粉丝形成社群，扩大其影响力。

◎ 粉丝影响产品研发

通过分析粉丝和社群经营得很好的爆品企业，我们发现，它们为消费者提供的产品和服务体验是非常独特的。

比如，苹果不论手机还是电脑，都有优秀的产品设计，外观简洁、科技感十足。除了优秀的产品工业设计，还有优秀流畅的ios操作系统，操作系统的更新给用户带来超前的体验，为了体验更新的操作系统，消费者往往会自发购买新的硬件产品。

苹果公司的产品培养用户的使用习惯和消费惯性，而粉丝也潜移默化地影响着产品研发，苹果公司不断为用户改进产品。

粉丝对爆品的反馈是迅速而直接的，不管喜欢与否都会给出明确的答案。粉丝的爱憎分明，让品牌的形象更加深刻，影响力不断扩大。并且粉丝由不同群体和个人组成，每个群体和个人都有其鲜明特征和不同的消费动机，深度分析粉丝社群能帮企业制定更贴切的营销方案，以及指导爆品研发的方向。

◎ 粉丝影响其他消费者

粉丝很盲目，他们也许会因为推崇乔布斯，就对苹果产品推崇备至。粉丝也很理智，他们对产品的喜好都基于自身体验，他们还会对产品提出明确的需求。

粉丝作为一个群体,在选择产品时一定会影响到其他消费者。粉丝基于体验的评价,会被其他消费者作为参考标准。而粉丝对产品的热爱,也能让产品的优点被大众了解。所以,粉丝经济时代,爆品最正确的营销方式就是粉丝营销。

你的粉丝是谁——分析粉丝的特征

要想进行粉丝营销,我们需要做的第一步就是区分粉丝类别,也就是了解你的粉丝是谁。

粉丝类别的划分方式有很多,根据不同标准可以进行不同的分类。比如依据年龄段、性别、文化程度、行业(职业)、收入、区域、语言、使用资源类别、关注内容等。对于想要打造爆品的企业和商家来说,最有实用价值的分类一般包括年龄段、收入结构与关注内容等类别。

如果把网民按年龄段划分,我们可以看到:

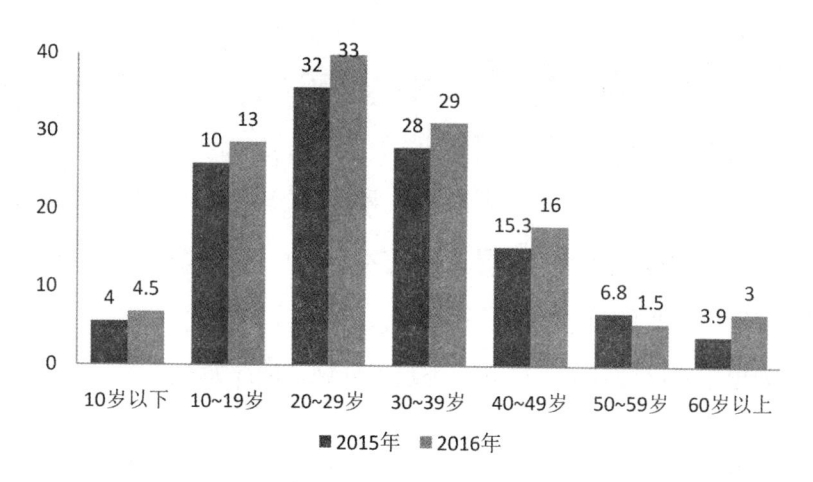

年龄段	2015年	2016年
10岁以下	4	4.5
10~19岁	10	13
20~29岁	32	33
30~39岁	28	29
40~49岁	15.3	16
50~59岁	6.8	1.5
60岁以上	3.9	3

根据上图数据显示：截至2017年3月，我国网民以10～39岁群体为主，占整体的75%。其中，10～29岁年龄段的网民占比最高，达39%。

由此可知，进行互联网营销的爆品可以将粉丝群体锁定在20～39岁年龄段的用户。

如果把网民按收入等级来划分，2016年的情况如下图所示：

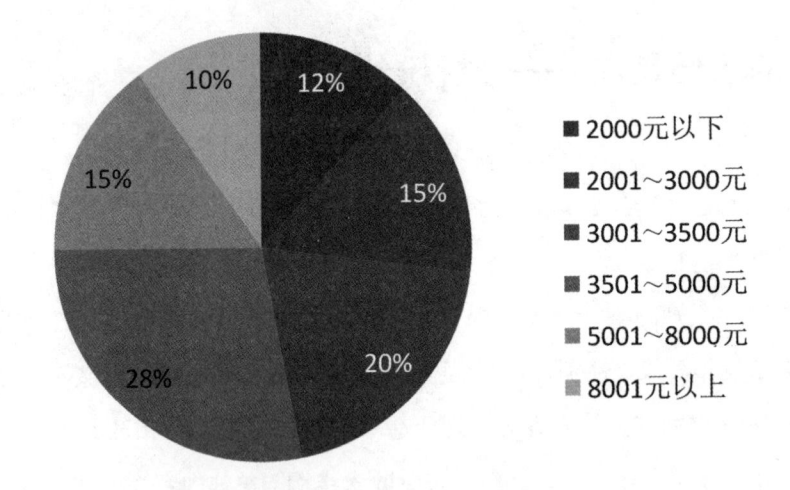

由上图所示数据可知，网民中月收入在3001～3500元、3501～5000元的群体所占比重较高，分别为20%和28%。对比2015年的数据可以看出，随着社会经济的发展，网民的收入水平也逐步增长，收入在3000元以上的网民人群占比提升了45%。

这一数据对爆品的打造来说尤为重要，显然，月收入在3501～5000元的粉丝将在粉丝群体中占据多数。这一数据可以帮助我们对粉丝营销的综合能力有所预判。

如果把网民按其关注内容的类别来划分，情况如下图所示：

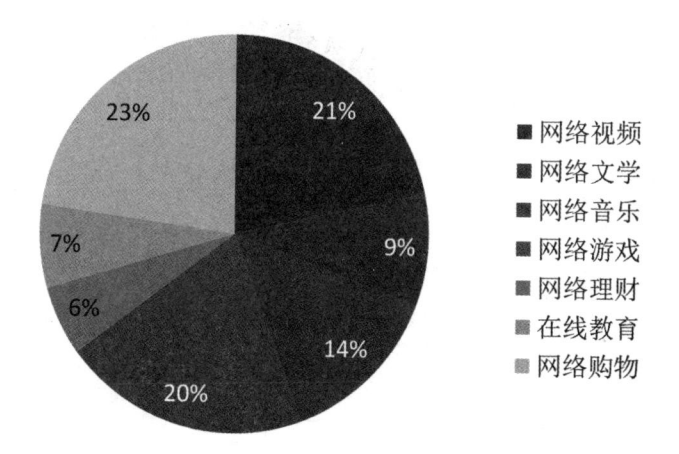

饼图数据：
- 网络视频 21%
- 网络文学 9%
- 网络音乐 14%
- 网络游戏 20%
- 网络理财 6%
- 在线教育 7%
- 网络购物 23%

由上图所示数据可知，网络视频、网络游戏、网络购物的关注度较高，这也为我们锁定粉丝提供了方向。

通过对上述的一些数据的综合分析，再考虑到爆品自身的特点，想要圈定目标粉丝群体其实并不困难。当你知道粉丝是谁的时候，接下来就要去分析粉丝的需求了，这才是爆品粉丝营销吸粉的重点。

同时有一点需要注意，即不同的产品其粉丝群体特征不同，因此在采集与分析粉丝数据时不要照搬抄袭，而是应该从自身情况出发，对数据做出正确的解读。

你的粉丝需要什么——对粉丝需求进行精准分析

知道了你的粉丝是谁，接下来，你需要了解粉丝的需求，只有了解了粉丝的需求，企业在进行爆品粉丝营销时才能对症下药，达到营销效果。

想要了解粉丝的需求，首先我们要明白粉丝需求是如何产生的。这一点，我们可以通过著名的马斯洛需求理论来实现。马斯洛需求理论阐述了人的需求层级，即下列5项需求：

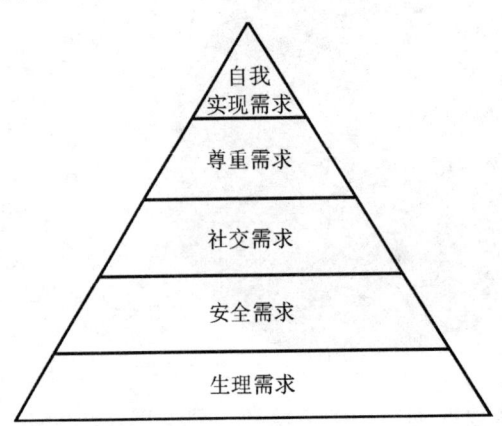

```
         自我
        实现需求
       ─────────
        尊重需求
      ─────────────
        社交需求
    ─────────────────
        安全需求
  ─────────────────────
        生理需求
```

从打造爆品的层面来看，我们打造爆品主要是为了满足粉丝的生理需求、安全需求和社交需求，同时如果能够部分满足粉丝的尊重需求或自我实现需求，那么将是最为成功的。

下面我们重点分析一下社交需求。在上一节分析粉丝的特征时，我们已经知道如今的互联网用户大多都80、90后，而80、90后几乎可以说是成长、生活在网络时代。从网络中他们接收到海量的信息，拥有无限的创意和独特的个性。在消费观念和消费行为上，他们更加注重自己的感受，情感体验也是他们消费的重要依据。

归纳起来，他们的情感体验主要表现在以下三个方面：

- 娱乐体验
- 心情体验
- 功能体验

80、90后追求爆品的娱乐体验。传统的娱乐圈，舞台是明星的，专栏是作家的。但是今天，一些身怀绝技、不甘平庸的孩子们可以通过网络直播展现自己，通过博客专栏书写自己的故事。《超级女声》会成为风靡一时的爆品节目，就是利用了年轻人这一心理。谁不想一夜成名，红遍大江南北呢？而这些选秀活动，就为出身草根，但又怀有梦想的孩子们提供了一个机会。

因此，企业要想抓住基数庞大的80、90后消费者，就要在爆品设计中融合最新的娱乐元素。新媒体依托于各大平台百花齐放，企业也要借助平台，利用新媒体进行推广，找到爆品的娱乐体验感，才能吸引紧跟时代潮流的80、90后一代。

80、90后感受爆品的心情体验。80、90后是感性的一代，也是任性的一代，他们体验爆品时，十分注重使用时的心情。爆品想要真正"爆"起来，就必须给年轻的消费群体提供不一样的心情体验。

重视心情，这就要求产品具有多样化、趣味化的特征。我们打开肯德基的官网，会发现不仅产品丰富多样，还有各种趣味周边产品。肯德基甚至还和时尚界合作，跨界推出潮流服饰，满足和吸引年轻消费者。

80、90后玩转爆品的功能体验。要搞定80、90后还需要重视产品功能，80、90后乐于尝试新事物，享受高科技带来的便利，期待产品的新功能，注重易用性。所以爆品的产品功能是吸引80、90后年轻消费者的核心，企业一定要在功能上下功夫。

80、90后是现在爆品市场最有潜力的消费一族，如何搞定他们，将是企业面临的一大挑战。80、90后注重爆品的综合体验，因此，爆品在视觉、听觉、触觉、嗅觉上都要让人耳目一新，才能让他们感兴趣。

比如"冰纯嘉士伯"，其官网上专门为"不准不开心"人群设计了丰富的手机铃声、手机壁纸、网络广告等声色大宴，还在户外竖立了巨大的"测测你的开心指数"的广告牌，把感官体验深入到了80、90后目标消费者的心中。假如企业能把感官体验做到极致，那么，搞定年轻粉丝就不在话下了。

将用户转化成粉丝，并提高用户的忠诚度

互联网营销的时代，用户购买、使用产品和服务，和企业仅仅是进行商业交易的关系，而粉丝则是企业和产品的追随者。所以用户和粉丝并不能画等号，企业也许有很多用户，但这些用户不一定都是粉丝。

粉丝和企业、爆品口碑之间的黏性要远大于用户。不过，用户是能够被转化为粉丝的，将用户转化为粉丝是粉丝营销的重点之一。

那么，如何才能提高用户转粉的转化率，如何才能提高用户的忠诚度呢？这里有三个技巧：

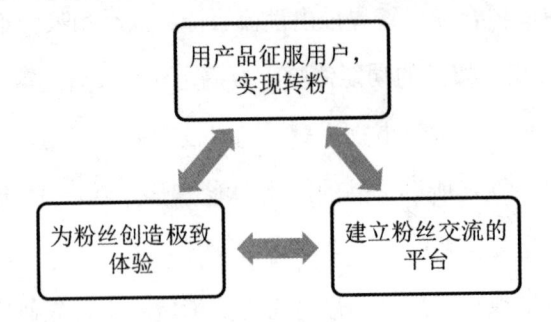

```
        ┌─────────────────┐
        │ 用产品征服用户， │
        │ 实现转粉         │
        └─────────────────┘
           ↙         ↘
┌──────────────┐   ┌──────────────┐
│ 为粉丝创造极致│ ⟷ │ 建立粉丝交流的│
│ 体验         │   │ 平台         │
└──────────────┘   └──────────────┘
```

◎ 用产品征服用户，实现转粉

企业要实现用户转为粉丝，必须要用产品说话。实现用户转为粉丝

的手段有很多，如宣传品牌理念、满足情感需求、扩大传播面积等。但是这一切的手段都是以产品质量过硬为前提。品质和服务是一个爆品成功吸引粉丝的保障，只有满足消费者的实际需求才能获得忠实粉丝。

如果一个企业要想保留现有用户，并将其转变为自己的忠诚粉丝，首先就是要在品质和服务上有所保证，一个成功的爆品应该建立在好的产品品质和有保障的服务的前提下，只有产品为王、理解消费者的实际需求并发挥产品的最大价值，才能满足消费者的心理，最后获得忠诚粉丝。

◎ 为粉丝创造极致体验

有好的产品和服务，只是成功转化粉丝的第一步，还要在用户体验上做文章。让用户成为粉丝就要创造贯穿消费过程的极致体验。从产品研发开始站在用户角度思考，销售期间营销方案抓住用户需求和痛点，售后服务做到贴心周到，这样才能让用户产生认同感和归属感，直至成为忠实的粉丝。

企业在经营粉丝时，要注意甄别真粉和假粉。为什么说是假粉，是因为他并不一定认同企业的理念，而是盲目跟风，对产品和品牌没有什么忠诚度可言，这种假粉是很容易被其他产品和品牌吸引的。

企业除了转化粉丝，还要维护粉丝，要与粉丝加强沟通和交流，从粉丝的反馈中对产品和服务做出改进，满足粉丝日益增长和更新的需求。粉丝持续购买产品，传播品牌信息，带来新用户。

◎ 建立粉丝交流的平台

建立粉丝交流平台的目的是要与粉丝进行情感交流和互动，与粉丝的交流互动是互联网营销的手段之一。

垂直社区，微信公众号，微博营销号，贴吧都是企业与粉丝交流的平台。而这些平台各有优势，垂直社区忠实粉丝多、正面反馈多，微博传播范围广，而微信平台的反馈具有即时性，贴吧则有较强的地域性。以爆品小米手机为例，小米论坛粉丝有700多万，企业微博粉丝有550万，小米合伙人加员工的微博粉丝有770万，微信粉丝有100万。这几千万的粉丝群体，成就了小米骄人的销售成绩。

与粉丝对话的三个禁忌

在进行粉丝营销时，我们很大的一个工作就是与粉丝进行对话。在现实中，一些打造爆品的企业在与粉丝对话的时候，会采取不同的姿态。

有的企业将粉丝奉为上帝，用一种服务的意识和心态与粉丝沟通，将粉丝当成了亲人；有的企业觉得粉丝和自己地位平等，只不过他们喜欢自己的产品，因此采用了和粉丝平等的姿态进行交流；而有些企业天生有一种优越感，觉得粉丝喜欢自己，那是他们有眼光，粉丝应该引以为傲——有这么优秀的企业供他们崇拜，有这么优秀的产品供他们使用……

对于这三种对话形式，到底哪种好，这里也没有一个确切的准则。这是仁者见仁，智者见智的东西。但有一点需要明确的是，我们在为爆品进行粉丝营销时，有一些禁忌是必须要避免的。

企业与粉丝进行对话的时候，往往会被一些粉丝问到涉及个人隐私和商业机密的话题。不是每个人都懂得讲话的技巧，粉丝大多数是没有经过专业语言训练的普通人，想讲什么就讲什么，这也是粉丝的一贯特征。而粉丝对企业的好奇心比任何人都强烈，这时候，就要求企业能够全场把控局面，将话题控制在预设的范围之内。

碰到涉及机密的问题，有些企业会陷入左右为难的境地。这时，千万不要直接将粉丝的话题戳回去，让粉丝尴尬，让气氛冷场。这样会间接地伤害到一大批粉丝的心，对企业有百害而无一利。

那么，企业与粉丝之间的对话，到底有哪些禁忌呢？具体来说，有以下三个禁忌：

```
                    对话禁忌
       ┌───────────────┼───────────────┐
  敏感问题不要        拒绝像背书一样      不要扑灭粉丝
  针锋相对            枯燥无味            的热情
```

◎ 敏感问题不要针锋相对

关于一些敏感的话题，企业要学会适时地转场，不方便回答的时候，可以先放一放，插入其他话题，将这个话题置后，然后再用打太极的方式将其消弭于无形。

而敏感问题一旦针锋相对，最坏的局面有可能是将粉丝变为敌人。粉转黑还是黑转粉，企业的语言和姿态起着至关重要的作用。自尊是每个人的基本需求，粉丝意识不到自己提出的问题是对企业的不尊重，而企业若是还以不尊重，其结果就是粉丝受伤害了。

企业要比粉丝强大，粉丝才会衷心拥护。企业无法接住粉丝抛出来的问题，而采用针锋相对的解决方式时，企业的强大便无处体现。针锋相对不是强大的体现，而是无礼的体现。企业不要去对粉丝提要求，什么样的粉丝企业都要从容应对。通过不断提高自身的答辩能力，企业才可以从容应对粉丝提出的任何问题。

粉丝对企业的窥探永无止境，总是希望知道得越多越好，而企业为了调动粉丝参与的兴趣，就要适时地抛出一些特别有吸引力又有乐趣的话题，让粉丝参与。

◎ 拒绝像背书一样枯燥无味

粉丝崇拜一个爆品，要的就是心动，追的就是刺激，玩的就是乐趣，这才是粉丝想要的。而企业在进行爆品的粉丝营销时，大多数是以推介爆品为主，如果你不能赋予产品以魅力和内涵，粉丝有什么十足的理由去热爱它呢？

不同的粉丝本质上的需求虽说千差万别，但唯乐趣这件事没有人会拒绝。《快乐大本营》可以说是综艺节目的一个爆品，它的粉丝以年轻人为主，节目中诙谐生动的语言、简单而机智的游戏与互动，是吸引粉丝的一个关键因素。

而企业在与粉丝进行对话的时候，机智诙谐应该是必不可少的成分。粉丝心甘情愿地崇拜，源自心灵深处的恬适和归依，所以企业要负责为粉丝制造欢乐。

◎ 不要扑灭粉丝的热情

当一个粉丝爱上一个爆品，而爆品的企业又对粉丝敞开大门的时候,粉丝仿佛拥有了某种权利,他们会将自己美好的构想施加到企业身上,那一个个妙趣横生的金点子,也不知是脑门一热的结果,还是深思熟虑的产物。

只有铁杆粉丝才会向企业提出建议,尽管不确定这些建议是否合理,企业依然要为粉丝这种十二分的热情奉上衷心的感谢。毕竟不是每个人都那么有空闲去关注身外之物的发展,而其向企业提合理化建议的时间,是以牺牲掉自己的业余时间为代价换来的,仅凭着这份心意,就该被爆品的企业铭记。

或者,企业可以在未来的爆品改进计划里融进粉丝建议的部分,算作是粉丝的功劳,这必然会让其感动,使其参与感更强。或者,粉丝建议里面有合理的部分,融入企业其他改进计划里执行,必然会大大加强粉丝的忠诚度。粉丝这种"生物",你爱他,他就会更爱你,你不睬他,他就会找寻更合适的土壤。当粉丝是一件很容易的事,因其只负责崇拜,而打造爆品的企业要做偶像,却要付出十足的功力才可以做到。

总之,我们在进行爆品的粉丝营销时,与粉丝的对话是有禁忌的。企业不要盲目地发展粉丝,也不要盲目地与粉丝对话,粉转黑只是一句话的距离,黑转粉也会因一句话而起。对话里深藏着为人处世的各种玄机,智慧的博弈凭借的就是语言这种工具。

话可以少说,甚至不说,但不可以说错。企业与粉丝之间的对话,归根结底企业要有主导能力,要牵引粉丝进入企业设置的场景,而不要让粉丝独立于企业之外,展开天马行空的设想和追问,那么企业必然会陷入被动。

企业与粉丝的对话,企业要完完全全地包容粉丝、接纳粉丝,牵引粉丝爱上企业和产品,并让粉丝满意。

想方设法留住粉丝

爆品进行粉丝营销最为关键的问题是粉丝量。也就是说，如何留住粉丝，是一件需要用心去做的事情。很多企业和商家虽然采用了微博和微信营销的手段，但由于不知道如何经营粉丝，营销的效果往往不尽如人意。

可是，有的企业和商家的粉丝营销就做得很到位，不仅有新的粉丝不断加入，还能使他们渐渐地成为自己忠诚的粉丝，为自己的爆品创造良好的口碑和可观的利润。那么，这些企业和商家是如何做到这一点的呢？

以下三个技巧可供企业和商家在进行爆品的粉丝营销时所参考和使用：

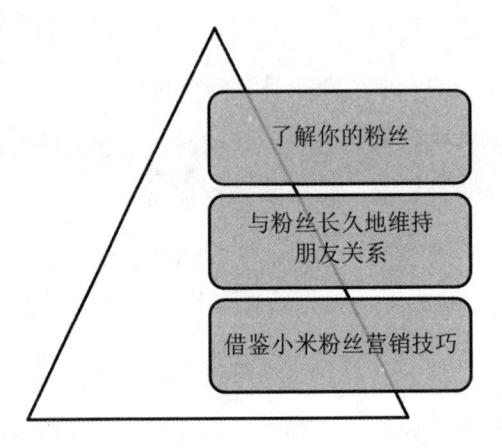

- 了解你的粉丝
- 与粉丝长久地维持朋友关系
- 借鉴小米粉丝营销技巧

◎ 了解你的粉丝

当用户积累到一定量的时候，有价值的粉丝便出现了，这些人大致有三类：

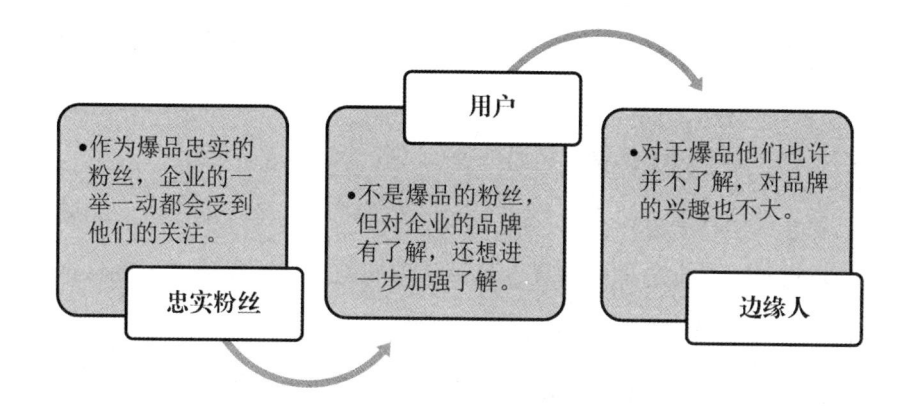

```
                 用户
  ┌─────────┐  ┌─────────┐  ┌─────────┐
  │•作为爆品忠实的│  │         │  │•对于爆品他们也许│
  │ 粉丝，企业的一│  │•不是爆品的粉丝，│  │ 并不了解，对品牌│
  │ 举一动都会受到│  │ 但对企业的品牌│  │ 的兴趣也不大。│
  │ 他们的关注。 │  │ 有了解，还想进│  │         │
  │         │  │ 一步加强了解。│  │         │
  │  忠实粉丝 │  │         │  │   边缘人  │
  └─────────┘  └─────────┘  └─────────┘
```

对于以上三种类型的用户，企业需要了解清楚，并加强对忠实粉丝的关注，因为他们是企业客户很重要的组成部分，留住老客户比开发新客户还是要容易一些的。所以，要对这类粉丝多加关注，如果能让他们参与到企业的微博内容的创作中来，会让他们感觉到自己就是企业中的一员。

第二类和第三类用户，他们也许会成为企业的粉丝，所以要努力成为他们的朋友，成了朋友自然有可能转化为企业的粉丝。那么如何让他们成为企业的朋友呢？

最好的办法就是企业要放下身段，多与他们对话、互动，只有在对话、互动中才有成为朋友的可能，如果你对人家不理不睬，是绝对没机会做朋友的。

◎ 与粉丝长久地维持朋友关系

大家可能都有体会，在生活中，我们曾经的很多朋友因为疏于联络而越来越疏远，而经常联系的朋友会感觉彼此的感情越来越深。也就是说，常联系是维持朋友间的情谊的最佳途径。企业经营也是如此。

大家知道，开发一个新客户是很难的，其难度是留住一个老客户的5~10倍，因此，在进行爆品的粉丝营销时一定要格外珍惜老客户，一旦粉丝和你成了朋友，就要用心把这份关系维持下去。

想要维持好这种关系，当然不能一年都不与粉丝互动一次，而要时刻想着粉丝，经常与他们聊天，讨论各种问题，这样粉丝才不会将企业遗忘。

企业之所以开通微博，其目的当然是为了让更多的人成为自己的粉丝，而想让他们变成自己粉丝的重要一步，就是先让他们成为企业的朋友。维持朋友长久交往下去的方法自然就是处处用心，让他们从你那里能够感受到温暖与贴心，所以企业不论在微博粉丝营销中，还是在微信粉丝营销中，与他们互动交心都是重中之重。

◎ 借鉴小米的粉丝营销技巧

为了更好地让企业和商家懂得如何经营粉丝，我们再次以小米公司打造爆品手机为例来做阐述。

小米自问世以来，就将其主要消费者锁定在18~35岁的年轻人身上。由于其目标定位清晰，所以在粉丝营销的过程中很容易做到坚定且执着。

和粉丝交朋友，是小米粉丝经营的主要策略。小米团队的年轻化非常高，而小米手机的客户定位就是年轻人，用这样一支年轻的队伍去经营年轻的粉丝，应该是最合适不过的，因为年轻人更懂得自己想要什么。

"小米客服，和米粉交朋友"是小米团队的信条。正是小米选择了一群年轻的客服人员，所以他们才那么轻易地走进了客户的内心。小米将客户看作自己的兄弟姐妹，既然是兄弟姐妹，若他们有什么问题找自己来帮忙处理的话，又该如何做呢？当然是毫不迟疑地去处理，即便自己处理不了，也会想尽办法找人帮忙处理。小米就是这样做的，他们将粉丝当作兄弟，将为粉丝办事看作是自己义不容辞的责任。

小米认为，尽心尽力地为客户服务是一种文明，并且是一种全员行动，所以小米赋予一线员工很大权力。例如，如果碰到用户投诉或是用户不爽时，客服人员可以根据自己的判别，对客户进行相应的安抚行为，如赠送贴膜或者是送一些其他的小物件等，总之，他们会让客户比较满意地离开。

在微博客服上的服务，小米有一个规则，就是15分钟疾速呼应。不仅如此，他们还开发了一个客服途径，就是不管是用户的求助还是吐槽，都会很快得到小米人员的回复。不论是客服人员还是工程师，他们每天都会花上一定的时间来对微博上的评论进行回复。能不能准时回复论坛上的帖子，也是检测他们是否完成工作的一项指标。

小米正是将广大用户当成了自己的兄弟姐妹，与他们交心，想他们所想，急他们所急，所以才让众多粉丝心甘情愿地跟定了它，成就了小米粉丝营销的神话。

社群营销——爆品粉丝营销最重要的营销方式

社群营销，就是借助社会上一些有名气、有影响力的人，或者依托一些关注量大的媒体平台，对品牌或企业进行宣传，扩大知名度，获得利润。

社群营销这种方式，与传统营销不同，它能够通过与观众、粉丝对话互动，建立起品牌和粉丝之间的信任，塑造爆品企业良好的形象，进而达到销售爆品的目的。

社群营销的载体不局限于微信，各种平台都可以做社群营销。论坛、微博、QQ群，甚至线下的社区，都可以开展社群营销。社群营销已经成为了爆品企业的重要营销手段。

那么，爆品企业应该如何进行社群营销呢？下面就例举三种最有效的方法和技巧。

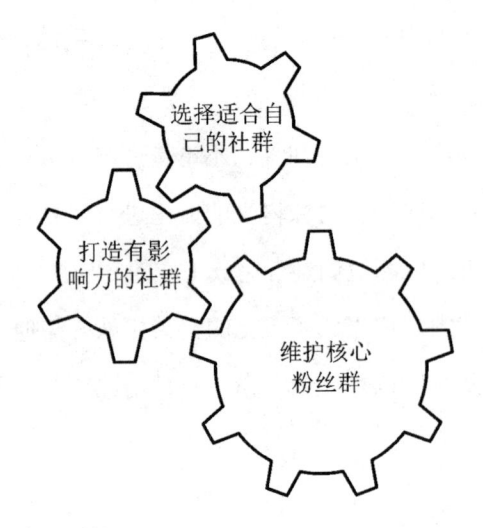

（图：选择适合自己的社群／打造有影响力的社群／维护核心粉丝群）

◎ 选择适合自己的社群

通常意识里的社群可能就是社区，就是许多人居住的地方。其实，网络社群也可以这么理解，网络社群就是一群志同道合的人聚集的地方。豆瓣、天涯、猫扑，这些都是比较红的社区，这些社区本身也具有沟通交流的功能，但使用得最多的还是QQ社群和微信社群。

为了更好地让企业选择适合自己的社群，我们把微信社群和QQ社群的各个方面做了一个比较表。爆品企业可以通过下表来挑选适合的社群。

	性能	微信社群	QQ社群
创建群	群规模	500	2000
	建群要求	1. 直接拉人和面对面建群。 2. 超过40人，你的邀请需要对方同意。 3. 超过100人，对方需要通过实名验证才能接受邀请。	1. 需要填写群的分类及群名。 2. 普通用户可以创建200~500人群。 3. 年费会员可以创建1000人群。 4. 超级年费会员可以创建2000人群。
	群显示入口	1. 消息列表显示。 2. 保存的群可以在通讯录中查看。	1. 消息列表直接显示。 2. 消息列表+群助手显示。 3. 联系人中查看。
	群公告	2000字，单次只显示一条。	15~500字，允许多条，可设置置顶。支持文字、表情、图片和视频。
	群特色	无	群介绍、群标签、可升级同城群等。
	群推广形式	1. 群二维码。 2. 个人邀请入群。	1. 群二维码。 2. 群链接。 3. 群主及管理员邀请。 4. 群成员邀请。 5. 搜索QQ群号。 6. 通过标签、名称形式查找。
群运营	群成员头衔	支持设置群昵称。	群成员可以修改群昵称，管理员可以设置成员头衔。
	群成员权限	除群主外，所有的群成员权限都是一样的。	群主拥有最大权限，其次是管理员，可以踢人、禁言、传群文件等，最后是群成员。
	群玩法	群红包、群收款等。	除了群红包、群收款，还有匿名聊天、送礼物、音乐、投票、群订阅、群问题、群作业等20余项功能。

通过上表的比较，我们可以直观地看出：QQ社群更开放，功能更多、更全面，管理更方便。但是这并不意味着QQ社群就是你最好的选择，这还要取决于你的用户聚集在哪里。

◎ 如何打造有影响力的社群

社群营销已经成为爆品的一种必要的营销手段。但是其方式成千上万，企业该如何打造有影响力的社群，起到"四两拨千斤"的效果呢？在此为你介绍四个妙招，一定会对你的社群营销有所启发。

```
┌─────────────┐  ┌─────────────┐
│ 举行震撼的  │  │ 完善群规则  │
│  欢迎仪式   │  │             │
└─────────────┘  └─────────────┘
┌─────────────┐  ┌─────────────┐
│ 为群友提供  │  │ 定时清理    │
│    价值     │  │  群内人员   │
└─────────────┘  └─────────────┘
```

举行震撼的欢迎仪式。大家都有这种体验：当我们进入一个新群的时候，显示的是谁邀请你进入什么群，加入群的人以及一大堆的人名字。这时候，大多数人都会有一种好奇和淡淡的不安之感。如何消除这种感觉，逐步建立信任呢？欢迎模板如下：

欢迎×××加入××群

这种扑面而来的欢迎词，会让人觉得该群非常热情。当然语言组织、表达形式上还可以更加完善。

总体来说，操作虽然简单，但是一个新群建好之后，企业就一定要坚持做这个动作，简单的事情重复做，就是一种潜移默化的教育，教育大家一起跟随，在跟随中逐渐形成一个习惯，有了这个习惯，也就有了打造有影响力的群的基础。

完善群规则。 无规矩不成方圆。有了群规，所有进入群的人才会按照规则办事。因此，除了令人震撼的欢迎仪式，企业还要在群的宗旨、规则方面给新进入的人做一个言简意赅的介绍，并且尽可能写一篇"××群新人必知必读"做成模板收藏，每有3~5人进入就发一遍，让那些刚进群的人一目了然。

这个步骤，很多群是没有做的，所以新人进入新群后也不知道要干什么。在打造群影响力的过程中，要将各种群文案收藏起来，在需要的时候马上发到群中。同一个口令重复千万遍就是执行力，当在群里不断重复该群的价值观以及群规则时，慢慢地，所有群成员都会自动去遵从群规，而不再需要群创建者每天去发，这样也就会形成群文化。

当然，刚建群的前1~2个星期，还是需要自己去发、自己去带动的。

为群友提供价值。 当群文化形成之后，接下来，就要提供一些价值。

人们进入一个群，不外乎几个需求：出于对企业或品牌的热爱；掌握新的资讯；拓展人脉；寻找一些新的项目或者机会。一个群能提供的价值，就可以从粉丝的需求开始。

群成员自我介绍	•包括姓名、常住城市、做什么行业、有什么资源、有什么需求。这是最基本的介绍，找项目的人和要拓展人脉的人，一看就知道了。一定要有模板，如果没有，就会很乱。
帮助群成员推广	•可以先从那些活跃的、比较支持群的人开始，把他们的名片发到群里。或者组织大家在自己朋友圈里相互推荐。同时组织群里的朋友24小时之内都相互加为好友。这样就满足了人们拓展人脉的需求。

定时清理群内人员。爆品企业在清理群内人员时，可以参考下面的话术：

今天晚上20:00本群将调整一部分长期潜水不说话的小伙伴，在线的朋友请回复1。

这个行动主张很有意思，你会看到很多人在群里签到，群一下子就会活跃起来了。

最后，需要提醒企业的是：对于那些扰乱自己发展，破坏自己社群发展的人要及时剔除，不要怀着不忍心删除的心态，千万不要让一颗老鼠药坏了一锅汤，一定要学会处理群里成员的关系，发展适合自己的粉丝，通过他们带来更多的粉丝。

企业在打造爆品的同时也要创建好自己社群，完善自己的管理体系，打造一个"爆品+社群"的双向运营模式，这样在未来的竞争中才能占据一个不倒之地。

◎ 维护核心粉丝群

一口不能吃成个胖子。对于普通的企业来说，一开始不要想着拥有大量粉丝，应该先稳定核心粉丝群。

什么是核心粉丝群？也就是那些对企业和品牌有深度认同的人。爆品企业要把这部分人聚集在一起，大家多交流。让群成员可以在轻松的氛围下畅所欲言，相互认识。

在稳定了核心粉丝群之后，企业可以根据群聊天内容的分析，延伸出一种亚文化，这种亚文化能够很好地指引爆品的运营。为了方便管理，可以在社群里找一个具有号召力和管理能力的小伙伴来对社群进行基本的运转和维护。

如果企业一开始就直接大刀阔斧地建设大群、固定内容，核心粉丝却还都没到位，这个群就缺乏一个有力的支柱，就很容易垮掉。有了核心粉丝群效果就不一样了，核心粉丝会带领整个群往正确的方向发展，不用担心会跑偏。

企业在维护核心粉丝群时，可以使用准入制。设置一个门槛，只让核心粉丝进群，而不能让打着核心粉丝名义的人盲目进入。

让你的粉丝够饥饿

在生活中，相信大家都经历过摇号买房、买车和抢购限量商品，为了买新款球鞋和手机彻夜排队等情况。其实，这都是商家进行营销的一种方式，这种营销方式就叫"饥饿营销"。

如今，很多爆品企业或商家都开始采用饥饿营销的方式，刺激粉丝的购买欲望。采用饥饿营销，不仅可以维持爆品的售价和利润率，还能提升爆品的价值和知名度，其目的是为了进行口碑营销，树立爆品的品牌价值。

所以，在进行粉丝营销时，企业或商家首先要问一问自己：我的粉丝够饥饿吗？因为粉丝是否饥饿，决定着他们对爆品是否有需求。

使用饥饿营销打造爆品时需满足以下三个条件：

> 首先，饥饿营销对产品是一个巨大的考验，企业要确定自己的产品和服务是否拥有市场潜力，能否得到消费者的喜爱和关注。定价低或重复购买率高的产品就不适合做饥饿营销

> 其次，市场上是否有相类似的产品，竞争是否激烈，产品本身的竞争优势和差异化是不是足够大。如果同类商品多，就不适宜做饥饿营销

> 最后，消费者的心态对饥饿营销是否成功也有很大影响，如果所针对的消费者心态足够成熟理智，那么饥饿营销就不是最优策略

那么，如何对粉丝进行饥饿营销呢？在这里教给大家两个行之有效的方法：

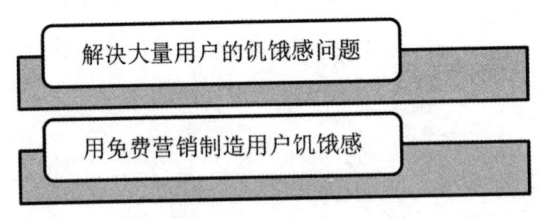

- 解决大量用户的饥饿感问题
- 用免费营销制造用户饥饿感

◎ 解决大量用户的饥饿感问题

爆品饥饿营销是基于用户的需求而展开的，用户对爆品没有需求时，饥饿营销是行不通的。如果大量的用户都对这个爆品有需求，那么这个爆品一定能成功，想不火都难。

这种大规模的需求被称为国民性的痛点，企业要做爆品就要想办法找到这个痛点，打造爆品的差异性和独特优势，变用户痛点为爆品尖叫点。总之，用户是否饥饿，才是爆品和用户之间发生联系的根本条件。

比如，美团外卖、百度外卖等外卖平台如此火爆，就是因为它们解决了用户追求方便、快速、足不出户就能吃到美食的需求。而有这种需求的用户数量非常大，所以外卖平台成为了爆品。而小米找到了用户对

平价高性能手机的需求点，把手机也做成了爆品。

◎ 用免费营销制造用户饥饿感

商家常有免费试用、免费赠送的活动，因为"免费"这两个字对粉丝来说具有很大的诱惑力。通过免费模式，那些不太饿的粉丝也会产生饥饿感和需求，而已经饥饿难耐的粉丝更会迅速果断地购买爆品和服务。

免费营销不仅对粉丝来说是有利可图的，对打造爆品的企业或商家也是有益的，通过免费营销能获得新用户的反馈，提高品牌知名度，掌握市场风向，给竞争对手制造压力。

对粉丝饥饿程度不够或者饥饿粉丝的数量不够的企业来说，适当的免费营销手段，能够刺激粉丝的饥饿感，扩大爆品需求。

那么，这种免费模式具体要怎样操作呢？

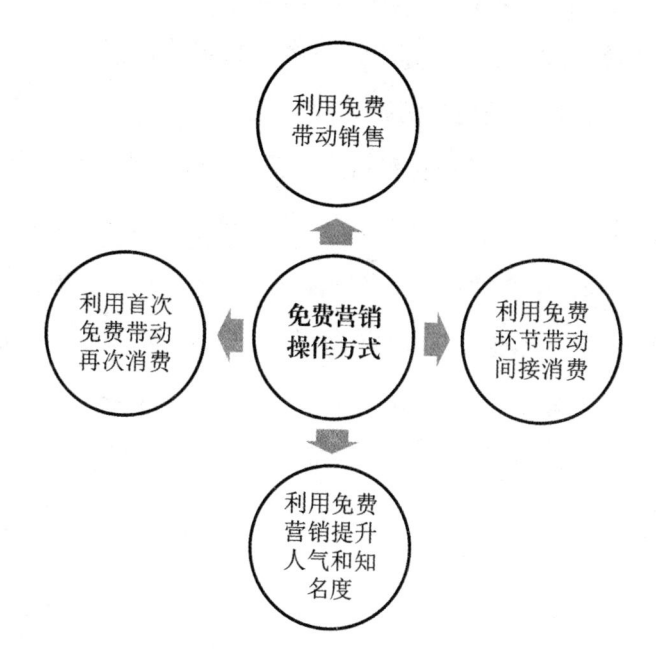

利用捆绑式免费带动销售。"捆绑式免费"就是把免费的东西和付费产品进行捆绑，用免费赠品带动付费产品的销售。特别是需要配套使用的两种商品，免费的副产品搭配付费的主产品捆绑在一起更能够吸引消费者，如充话费送流量，买汽车送汽油，买饮料送杯子，买电饭煲送餐具，买电磁炉送锅等。

利用免费环节带动间接消费。在售卖爆品和售后服务中设置若干免费环节，用这些免费环节来刺激消费者的购买欲望，带动销售。比如酒吧实行女士免费入场，以此带动酒水销售，或者餐厅限时限量赠送一道免费特色菜。不过这种免费环节一定要注重品质，要避免让消费者产生上当受骗的感觉。免费环节应该能够带来口碑，让消费者感到满意，并让消费者愿意进行进一步消费，或者购买企业推出的其他爆品。

利用免费营销提升人气和知名度。"免费"二字能够最大程度地吸引消费者眼球，所以商家可以通过免费营销来聚集人气，扩大自己的知名度，提升爆品品牌的亲和力，并挖掘潜在的消费者。

利用首次免费带动再次消费。商家进行首次免费的体验活动，如果新用户在爆品免费体验或免费赠品中满足了自身需求，获得较好的体验，那么这些新用户会很快成为回头客，会进行二次甚至多次消费。

奇虎360开创了杀毒软件免费的模式，用免费的优质的杀毒服务迅速打败其他对手，迅速占领市场。所以首次的免费营销应该让消费者对商家产生信任感，也就是要保证爆品和服务的品质，这是商家应该进行前期投资的地方。新用户变成回头客甚至忠实粉丝的时候，就是商家收获的时候。

◎ 实施饥饿营销的步骤

实施饥饿营销分为以下三个步骤：

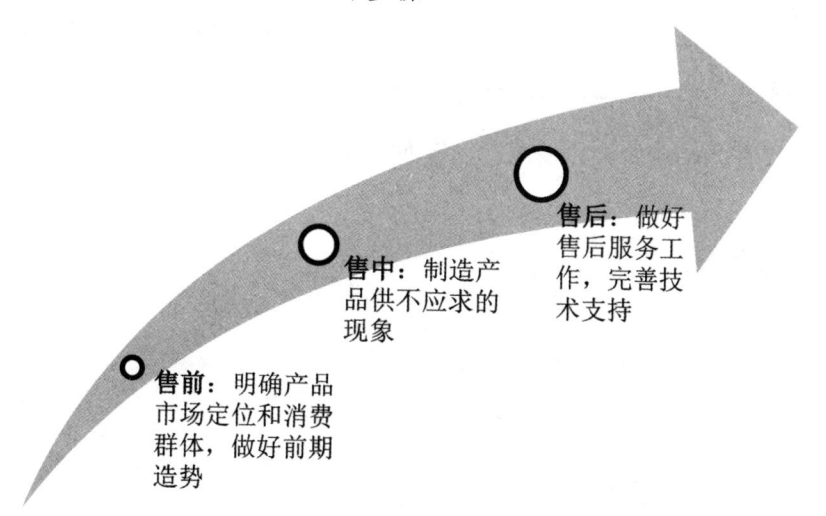

售前：明确产品市场定位和消费群体，做好前期造势

售中：制造产品供不应求的现象

售后：做好售后服务工作，完善技术支持

售前：明确产品市场定位和消费群体，做好前期造势。 在前期准备阶段一定要了解产品与消费者，围绕这两大核心做好宣传造势，借助互联网、电视、电台、书刊杂志等不同平台进行广告宣传，线上线下齐进行。

在宣传内容上抓住消费者心理，进行利益引导，吸引消费者关注产品，促进消费欲望的产生。

售中：制造产品供不应求的现象。 用定期发售、限量购买、排队购买、设定购买条件等手段刺激消费者，使其产生紧张情绪、建立期望值，让消费者对产品的兴趣和购买欲越来越强烈。

同时，还要监控好市场动向，根据销售情况及时调整供货量，控制等待时间，避免打击消费者的购买积极性。

售后：做好售后服务工作，完善技术支持。物流配送环节要跟上，做好善后工作，与消费者建立良好的信赖关系，保持消费者良好的购买体验。

最后，想要提醒大家的是，饥饿营销最重要的是能够找准消费者的心理变化，从而引导消费。但同时它也是一把双刃剑，如果把消费者的胃口吊得太高，也很有可能失去消费者。等待时间过长、价格增长过快都有可能使消费者的热情减低，转而选择其他产品。这对打造爆品是非常不利的，因此企业和商家在实施饥饿营销时要充分调研，把握好时机和尺度。

第 11 章
内容营销——没有内容,你拿什么做爆品营销

现在是一个内容为王的时代,没有好的内容做支撑,一个企业为爆品所搭建的营销将成为无源之水、无本之木,没有生存的土壤和发展的空间。而好的内容无疑可以为爆品在形象营销上加大分值,并为赢得粉丝起到至关重要的作用。那要做出怎样的内容,才可以让粉丝迅速地关注企业,并对企业建立起好感呢?

内容营销的五种类型

要想进行内容营销,首先我们得知道内容营销的落脚点在哪儿?换句话说,它包含几种类型?在进行爆品营销的时候,要从哪儿入手来做?下面,我们就着重谈谈内容营销的"内容分类"。

爆品在进行内容营销时,可以选择的内容主要可分为以下五类:

```
          时效内容
             ↑
持续内容 ← 爆品内容 → 方案内容
          营销的类型
          ↙     ↘
     促销内容    热点内容
```

时效内容。所谓时效,就是在某一时间段内具有最高的价值,比如"世界杯""奥运会""电影节"等。这些都属于时效性内容,如果利用得好,创造出有价值的内容,往往就能拥有一定的人气关注度。

方案内容。方案内容是有计划的,符合营销策略的内容,在制定时进行市场调查,考虑到受众情况、主题选择、营销平台、预期效果等等,通过数据对比分析,做出相应的计划。就其本身内容来说,是很有价值的，含金量比较高。

热点内容。顾名思义，热点内容就是在某一时间段内，搜索量迅速提升、人气关注度攀高的话题内容。企业在进行爆品的内容营销时，可以借助百度搜索风云榜或新浪热搜榜等来了解热点事件，针对热点事件创造内容。

促销内容。促销内容是指在特定时间内进行爆品促销活动产生的营销内容，一般都是在节日前后，其内容主要是根据人们的需求心理制定，投其所好。

持续内容。持续内容，就是说内容的价值不会随着时间的变化而变化，不管在哪个时间段，它都能产生一定的效应。在爆品的内容营销中，持续性内容属于中流砥柱，也是运用得比较广泛的，特别是一些互联网产品，绝对可以作为主打。

无论是哪一种内容形式，以什么样的介质来呈现，在进行爆品的内容营销时，最重要的一个原则就是：内容一定要有价值、要丰富，如果只做表面文章，传递给消费者的都是一些空泛、雷同的东西，非但起不到营销的作用，还可能会适得其反。

爆品软文内容的撰写和推广

我们经常在微博、微信公众号、QQ空间里看到广告软文，广告软文是一种生命力很强、传播效果广泛的广告形式。把软文营销运用在爆品的内容营销里有哪些好处呢？

软文营销的优势在于，它做广告于无形，用潜移默化的方式吸引消费者。即使意识到这是广告，消费者也会被深深吸引。软文对于爆品的内容营销来说是非常重要的，软文写得好不仅增加爆点，还能塑造品牌形象。

下面我们就从爆品软文的撰写方式、撰写技巧和软文营销流程三个方面，来看看如何利用软文进行爆品营销。

◎ 爆品软文的撰写方式

软文可以说是爆品营销过程中的"神助攻"，如今，软文也渐渐渗透到各个行业的宣传中。软文对爆品自身的发展空间和市场竞争力都能起到提升的效果。撰写爆品软文也是有方式的，归纳起来，撰写爆品软文主要有以下6大方式：

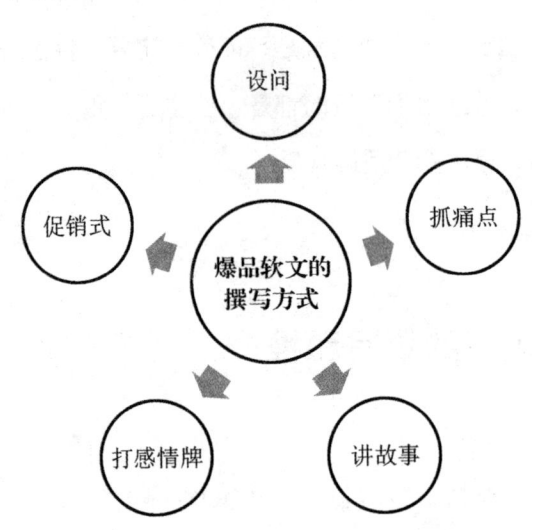

设问。提出一个吸引力强或者具有冲击性的问题，然后通过自问自答来引出产品信息。例如："减肥真的很难吗？"

抓痛点。 直击消费者痛点，抓住软肋。例如："心血管疾病，健康的杀手。"

讲故事。 为消费者讲一个有趣的故事，用故事线索来引出爆品信息。故事要有趣、合理，还要具备一定的知识性，这样才能让消费者有所感悟，并对爆品留下深刻印象。

打感情牌。 用充满感情的叙述，挖掘消费者情感需求，以情动人，走进消费者内心。例如："妈妈辛苦了！想让您永远健康美丽！"

促销式。 配合促销活动直截了当，借助消费者攀比心理和贪便宜心理，刺激消费者快速消费。例如："限时促销，最后一批，先到先得！"

◎ 爆品软文的撰写技巧

上文我们说到了爆品软文的重要性，还有一些软文撰写的基本方式。除了掌握方法，想要爆品软文让人眼前一亮，还得掌握一些技巧。

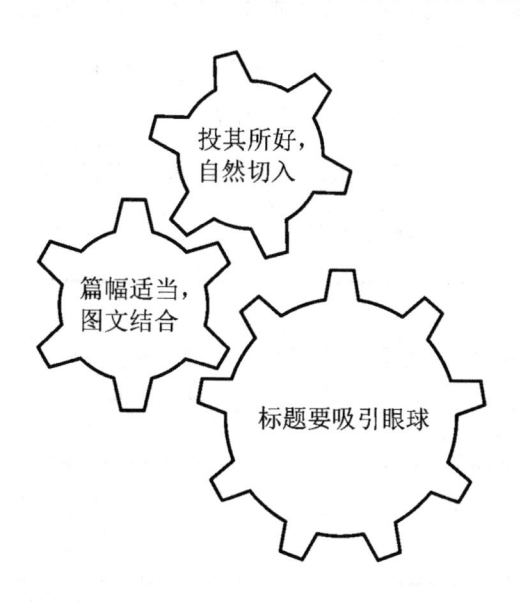

- 投其所好，自然切入
- 篇幅适当，图文结合
- 标题要吸引眼球

爆品软文的标题一定要吸引眼球。消费者每天面对来自网络的海量信息，如果不能第一时间吸引住他们，那么消费者根本不会阅读这篇软文。因此，爆品商家不妨当一回"标题党"，先吸引大批消费者关注。

篇幅适当，图文结合。爆品软文的篇幅不宜过长，因为消费者往往没有耐心去读完一篇长文，尤其是广告软文过长会引起反感。图文结合让阅读过程更轻松有趣，让爆品的产品信息展示得更直观。

投其所好，自然切入。抓住消费者心理，选择他们感兴趣的、关心的内容来作为切入点。切入点可以是热门事件、流行热点，也可以是消费者普遍关心的问题。找到合适的切入点，我们就要开始过渡到爆品推广上来。这个切入的过程要自然，切入点必须和爆品有一定联系，不要给消费者造成生搬硬套的印象。

◎ 爆品软文营销的流程

软文营销能帮助爆品树立品牌形象，提升利润。但是，真正重视软文广告的爆品企业却不多，依靠软文广告取得成功的也不多。主要是因为它们没有意识到软文营销需要计划和流程，没有注重软文营销的策略。

善于运用低成本运营的爆品企业，都善用软文营销。爆品软文营销可以通过以下几个步骤执行：

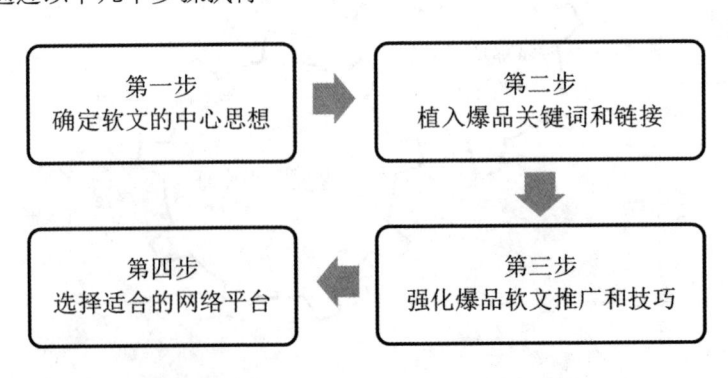

```
第一步                  第二步
确定软文的中心思想  →   植入爆品关键词和链接
                              ↓
第四步              ←   第三步
选择适合的网络平台      强化爆品软文推广和技巧
```

第一步，确定软文的中心思想。软文有多种形式，可以是一篇采访稿、一则新闻、一个帖子等等，但是无论形式怎样变化，软文都要彰显中心思想。中心思想要贯穿始终，软文也要围绕中心思想去展开。

没有中心思想，读者或消费者不仅不会被爆品吸引，还会认为整篇文章不知所云。确定好中心思想之后，软文的正文中必须体现出诉求重点，然后深入分析诉求重点，让潜在的消费者被爆品吸引，成为真正的客户。

第二步，植入爆品关键词和链接。软文中要自然地植入爆品关键词和链接，因为软文的目的就是要推广爆品信息。如何自然地植入也是一门艺术，要做到顺理成章，不要让读者产生突兀之感，也不要用让人反感的方式植入。

第三步，强化爆品软文推广技巧。每篇文章后面还可以加上和爆品相关的其他链接，让读者同时阅读其他相关文章。软文也不应该过长，当今的读者已经习惯了碎片化的阅读，篇幅太长读者没有耐心读完。而且撰写爆品软文时要注意言简意赅、条理清晰，内容应进行适当划分。

软文还应当把握时下流行的社会热点，把热点内容和消费者需求以及爆品的优势结合起来。用热点来吸引消费者目光，挖掘消费者需求，最终达到推广爆品的目的。

第四步，选择合适的网络平台。推广发布爆品软文要选择一些重要和用户量大的平台，而且不要只选择单一平台，要做到多平台同步推送。但是选择什么样的网络平台还是很重要的，必须结合爆品特性和受众群，还要关注平台的用户流量和用户类型，比如保健品推广发布到以年轻人为主的网络论坛和贴吧就不会有好的效果。

爆品内容营销最重要的事——写新闻稿

在爆品内容营销的诸多形式中,如今被各爆品企业应用最多的恐怕就是发新闻稿。其实发新闻稿是爆品软文营销的一种,只是新闻稿的应用更广泛,所以我们单独拿出一节来向大家说明和传授技巧。

一款爆品,当然需要一篇好的软文,而有些企业在对一款爆品进行软文营销时,往往会感到无从下手,那么不妨运用新闻软文手法,既可以引发消费者的阅读兴趣,又能够巧妙地将所要传达的信息传递给消费者。

从写新闻稿开始,以流畅的文字、准确的语言清楚地表述出产品信息和品牌文化。这种新闻体的软文不但层次清晰,而且逻辑性强,是一种最佳的软文形式。那么,企业在进行新闻类软文营销时具体应该怎样操作呢?又有哪些方法和技巧呢?

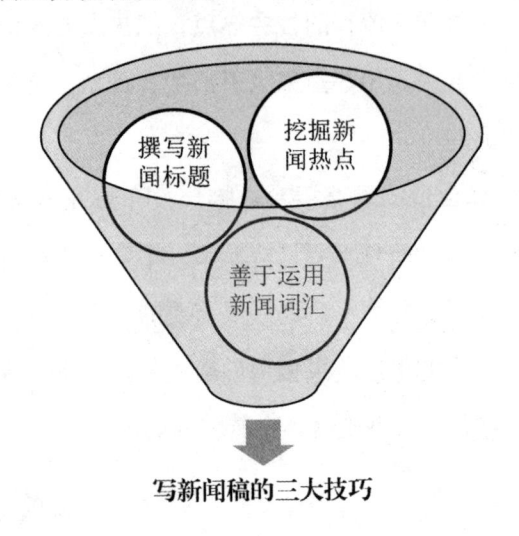

- 撰写新闻标题
- 挖掘新闻热点
- 善于运用新闻词汇

写新闻稿的三大技巧

◎ 挖掘新闻热点

新闻体软文，就是爆品企业进行爆品宣传时找到一个由头，以新闻事件的手法进行阐述。是新闻，就要有新闻热点，而新闻热点的挖掘也是令大多数爆品企业感到头疼的事。

事实上，如果能够用媒体人的视角去看待和关注企业的人、事、物，就会发现很多有价值的新闻亮点。具体来说，新闻热点主要来源于以下几个方面：

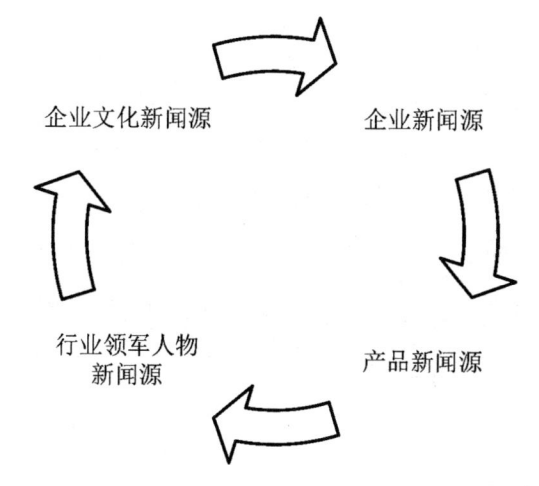

企业文化新闻源 → 企业新闻源 → 产品新闻源 → 行业领军人物新闻源 → （循环）

企业新闻源。如重大事件、行业特色事件、危机公关信息、慈善活动、企业并购等。有些爆品企业本身并不引人注目，但是其引发的事件却很有新闻价值。比如苏宁、国美频繁进行价格战，就是较大的新闻事件。当有重大的事件发生时，爆品企业应当及时与媒体联系，借媒体之力向大众进行宣传营销。

产品新闻源。如新产品上市、产品品评、产品联动、买家体验等。有特点、有影响力的产品大都会引起媒体的关注和报道。爆品企业在策划产品新闻源活动时，要站在媒体的角度，充分挖掘产品能够给消费者带来的社会意义，为新闻类软文的撰写准备素材。

行业领军人物新闻源。如创业访谈、行业观点、社会热点评论等。例如，史玉柱重出江湖引起了媒体广泛的关注，他本人也成了不少人的偶像。这些人也许对脑白金并不感兴趣，但是通过对史玉柱这个人的关注，他们也会开始关注脑白金、关注上海健特。

企业文化新闻源。海底捞文化、值得舍得文化等新闻类软文可以把有特点的企业文化、有成效的经营管理方法作为新闻点进行阐述，这些有价值的东西更容易引起大家的膜拜和共鸣。

◎ 撰写新闻标题

爆品营销就是要实现品牌宣传目标或产品销售目标，而内容的标题也很重要，它是吸引读者目光的第一要素，只有先吸引了读者，然后才能激发读者阅读下去，继而完成宣传和销售的目标。因此新闻类软文需要撰一个好的新闻标题。

◎ 善于运用新闻词汇

既然是新闻稿，当然要有一些新闻专用的词汇，以此来增强爆品软文的新闻性，淡化广告信息。

比如,表述时间的词汇："近日""昨天""×月×日"等。

表述地点的词汇："在我市""××商业街""家住××区的××"等。

身价词汇：多用"笔者""记者"等词汇，跟随"记者"一起探访事件的始末，相比"××公司"更容易给读者亲近感。

另外还有"在采访中了解到""据了解""据调查"等，都是不错的新闻词汇。

什么样的内容能引爆产品

每个爆品企业在进行内容营销的过程中，都是具有一定针对性的，爆品企业投放哪一类内容，将直接决定会吸引到哪一类用户。爆品企业的磁场影响着用户，同时，用户的需要也影响着爆品。爆品企业若不能为用户与粉丝持续提供具有吸引力的内容，不仅吸引不到粉丝，而且粉丝的流失也将不可避免。

研究用户的喜好是爆品企业进行内容营销必须做的工作。利用大数据，企业可以准确无误地知道用户的详细信息和喜好。

具体来说，如今的用户和粉丝都会喜欢以下几类内容：

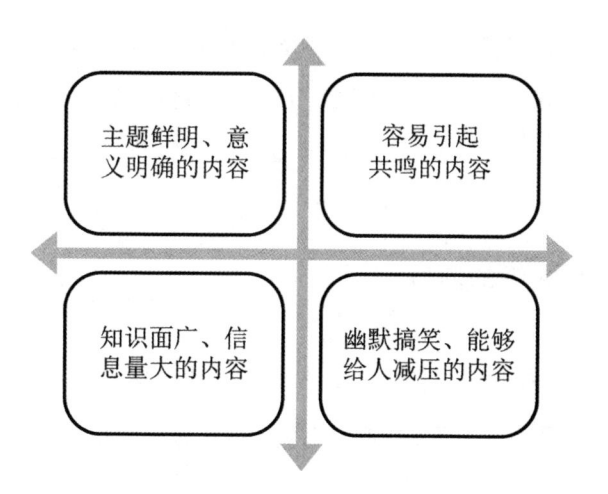

- 主题鲜明、意义明确的内容
- 容易引起共鸣的内容
- 知识面广、信息量大的内容
- 幽默搞笑、能够给人减压的内容

◎ 主题鲜明、意义明确的内容

健康、喜悦、积极、向上、祝福……这类主题鲜明、意义明确的内容，将持续受到用户和粉丝的喜爱。每到节假日时，精美的文字、音乐，配以图片所传送的祝福，最容易受到人们的转发与分享。爆品企业制作这一主题的内容应成为一种常态。

健康是人类永恒的话题，爆品企业在这一类内容的制作与选择上，要根据人们普遍关心、普遍存在的问题进行设计与制作。比如说，一日三餐的问题每个人都关心，爆品企业若是能别具匠心地发布一些食疗养生方面的实用内容，相信粉丝们是喜闻乐见的。

但凡事都有个度，若不是专业从事健康养生的，也未必能选择好。所以，还是要选择自身能驾驭，自己也非常喜欢的题材进行投放。

喜悦、积极、向上，能让人读后万事千忧都付之一笑的主题，当然容易受到欢迎。人生世上，肉体凡胎，心思总是波涛翻涌，看不开、想不透、认不清、辨不明的时候就会烦恼丛生，若爆品企业的文章刚好解了其心里的忧愁，想不被关注都不可能。

爆品企业在进行内容设计的时候，要能够设身处地地为粉丝们着想，将其当成自己的亲人、朋友，这样爆品企业怎么会有不忠诚的粉丝呢？

◎ 容易引起共鸣的内容

每个人在不同的阶段都会出现悲观情绪，这时，一些沉静、伤感的文章或音乐会受到拥有这种心理因素的人的欢迎和喜爱，因为可以引起共鸣。但没有人会长久地沉浸在这类氛围中，所以，凄美、分离、失去、失败等主题的内容要少量投放。这类内容的选择与制作最好有转折点，如让人们在失望中看到希望、于泪水中看到欢笑，要以能抚慰心灵的主题为主。

月亮总是有圆有缺，天空总是时阴时晴，没有人永远欢乐，也没有人永远忧愁。在内容的设计与制作上，要以沟通心灵为主要渠道，将人的喜、怒、哀、乐、忧、恐、思等各种情绪都研究透。人们喜欢的，就给予；人们不喜欢的，就隐藏。当你将最精致、美好的内容奉献出来时，很多事情就会水到渠成。

◎ 知识面广、信息量大的内容

对于开阔眼界、增长见闻的内容，没有人会排斥，而政治、军事、经济、文化、曲艺、杂谈、社会、民生等方面的代表性人物、事件和故事，都能找到人们感兴趣的话题。

爆品企业要根据粉丝的特点和自身所能驾驭的题材，有针对性、有目的性地进行投放。这样不仅能让粉丝增长见识，同时还能让他们感觉到企业平台像个宝藏一样，有取之不尽、用之不竭的鲜活题材。

◎ 幽默搞笑、能够给人减压的内容

读了好多的大道理，仍活不明白这一生，这才是人生存的常态。所以，幽默搞笑、能给人减压的段子，就特别受人们欢迎。而在互联网时代，人们更喜欢从自己关注的领域里感受些轻松搞笑的氛围。

如果一个爆品企业总是能适时地为粉丝们制造一片欢声笑语，粉丝就会发自内心地对其产生好感。所以，爆品企业有必要扮演一个欢乐制造机的角色——你不理粉丝，粉丝也不理你。所以，爆品企业要多为粉丝着想，粉丝喜欢什么，企业就制造什么。

如何持续不断地进行内容输出

移动互联网时代，最鲜明的特征就是海量信息与信息碎片化并存。信息更替犹如流星雨划过稍纵即逝，就算是昨天的互联网信息，今天想要翻查也不容易找到。当信息的适时更新成为一种发展常态时，想让用户记住你的最好办法就是持续不断生产出新的信息。

因此，爆品企业要持续输出有价值的内容，持续为粉丝的热情加温才有可能将粉丝长久留住。在爆品营销中，粉丝之所以会选择企业推荐的产品，很大程度上是一种"喜欢、认可、相信"情感叠加的结果。大多数情况下，粉丝选择的并不是爆品本身，而是企业通过营销塑造的形象、输出的内容，以及传递出的生活态度和方式。

基于这一点，爆品企业在进行内容营销时，每天都要输出粉丝感兴趣的内容，它是企业每天都要完成的"作业"，粉丝的热情全靠内容来维系。如果爆品企业因某些原因实在没有办法进行内容输出，也应及时坦诚地把原因告知粉丝，而不是以品质不高的、水份居多的直播内容输出来敷衍粉丝。

那么，爆品企业应该如何持续不断地进行内容输出呢？这里有两个技巧可以为之所用：

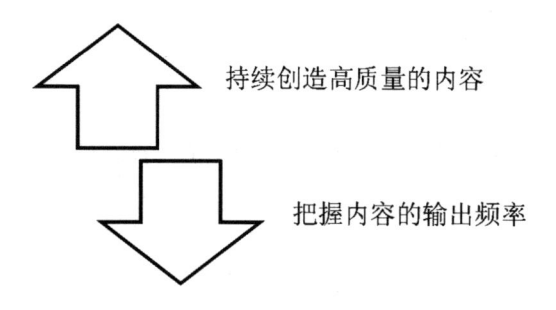

```
持续创造高质量的内容
           ↓
把握内容的输出频率
```

◎ 持续创造高质量的内容

爆品企在在持续输出内容时，要保证每次输出内容的品质，这个难度非同小可。但是爆品企业既然要打造爆品，就要极力做到每次输出的内容都能得到粉丝的好评。下面，我们和大家分享一下持续创造高质量内容的方式与方法。

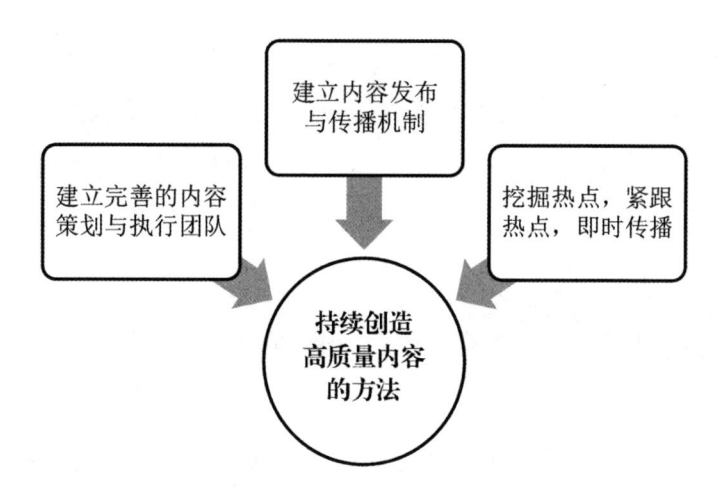

```
建立完善的内容        建立内容发布        挖掘热点，紧跟
策划与执行团队  →    与传播机制    ←    热点，即时传播
                         ↓
                   持续创造
                   高质量内容
                   的方法
```

建立完善的内容策划与执行团队。爆品企业可以根据自身情况及品牌产品需求，为爆品搭建一个内容策划与执行的专门运营团队，选择有经验、有创新能力、熟悉互联网内容传播规律的团队成员加入。

建立内容发布与传播机制。高频率地输出时需要具有一套固定的机制,其内容生产及发布实施应标准化、流程化,以确保内容的持续性与覆盖率。

挖掘热点,紧跟热点,即时传播。 爆品内容素材的选取,应把握的一个原则就是大众关心的则是爆品内容营销所关注的,所以热点是爆品企业经常会使用的素材,它包括新闻热点、人物事件等。追热点,借热点之势,实现对企业自我影响力的传播已经被证明具有非常好的传播效果。

但这种借势要借得自然借得贴切,在内容输出上要进行二度创作,将爆品的元素自然嵌入热点之中。同时这个输出一定要及时,趁热点未减及时推出效果才会完美。

◎ 把握内容的输出频率

爆品企业保持内容输出的持续性并不是盲目地随意输出,在输出频率上要经过精心的设计。对于粉丝来说,当然是给予他们感兴趣的信息越多越好,但是爆品企业作为内容的创造者不可能无穷无尽地提供高质的内容,因此把握输出频率就显得尤为重要。

其实,大部分爆品在进行内容营销时,内容输出频率几乎都是每天一两次。这是因为在积累粉丝的初期,需要依靠内容输出来"聚粉"。内容每天的定时更新一方面为爆品带来持续的曝光,吸引更多关注的人;另一方面有助于帮助粉丝养成浏览习惯,建立起粉丝对爆品的依赖性。

当爆品企业已经累积一定数量的粉丝群体后,在内容输出的频率上则可以适当延长,比如2~3天进行一次输出。这是因为在粉丝与爆品企业的关系相对稳定后,随着粉丝对爆品企业的更多了解,他们对爆品企业也会变得更宽容一些,在等待爆品企业内容输出的时间间隔上具有了一定的弹性。

但是,一定要注意,即使在已经拥有了数量庞大的粉丝群体时,对粉丝的内容输出仍然不能间断,其频率仍然要保持在较高的水平,一旦在一段时期里"沉默失语",那么就只有"掉粉"的结果。

用产品思维来进行内容的生产

由于行业竞争程度的加剧,同质化产品对爆品的影响程度正在呈现下降趋势,许多爆品企业发现它们所输出的内容引起粉丝兴趣的程度正在降低。这种兴趣的降低有内容本身的原因,但更重要的是同质化、碎片化的内容过多,从而导致内容在传播过程中效果丧失过快,从而降低了粉丝对爆品的识别度。

因此,在进行爆品的内容营销时,要用产品的思维来进行内容的生产。只有这样,才能有效避免上述情况的出现。这是因为用产品的思维来进行内容的生产具有以下两大优势:

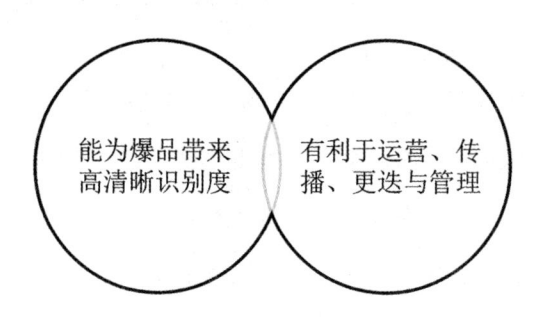

- 能为爆品带来高清晰识别度
- 有利于运营、传播、更迭与管理

首先，能为爆品带来高清晰识别度。如今，同类产品在形象上的识别度已经变得模糊，通过内容获得识别度正在被广泛应用。当用产品的思维来进行内容的生产后，产品同质化的困扰被打破，被贴上标签的内容很容易被消费者识别。

其次，有利于运营、传播、更迭与管理。用产品的思维来进行内容的生产意味着内容以产品的形式呈现，那么它必将兼具产品的一系列特征，如系列特征、复制特征等。因此在进行运营传播时，产品化内容比之普通内容更容易驾驭与管理，加之因具备产品化的统一特征，产品化内容很容易自成系列，形成内容的系列化传播，其冲击力与影响力也更大。

◎ 用产品的思维来进行内容生产的两大原则

爆品企业要用产品的思维进行内容的生产，必须遵循以下两大原则：

⬅ 要对用户产生反复影响　　具有高度一致性 ➡

原则一：**要对用户产生反复影响**。既然是产品化的内容，那么其最大特征就是系列化，内容会以系列的形式持续不断地输出。在运营层面，对内容输出节奏的掌控能够使内容对用户产生此起彼伏的冲击，从而使内容的影响力反复呈现，达到叠加效果。

原则二：**具有高度一致性。**这种高度一致性表现在呈现形式、包装设计、传播渠道、发布时机等元素的高度统一。尽管"内容"产品的核心依旧是信息，但在经过整体包装后，不同内容的信息仍然能够以"一致性"的形式呈现。

◎ 如何设计内容

用产品的思维来进行内容的生产，在内容设计上爆品企业首先要参考消费者的需求和接受程度。在设计时通常要考虑以下三个维度：

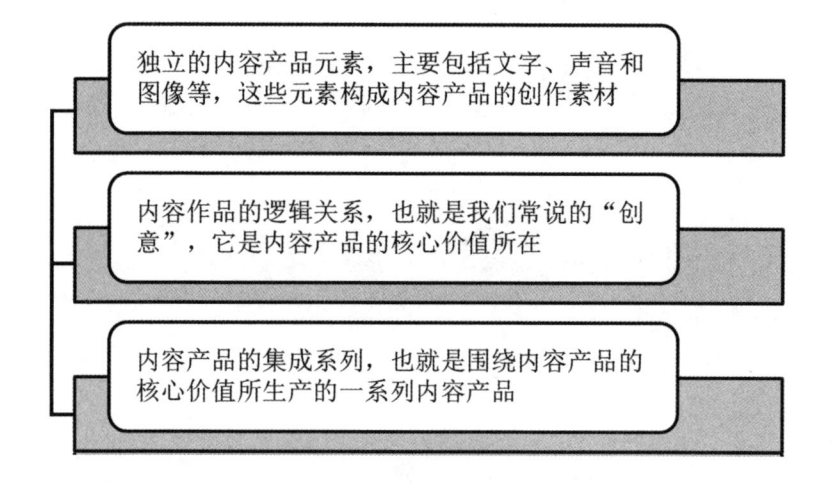

- 独立的内容产品元素，主要包括文字、声音和图像等，这些元素构成内容产品的创作素材
- 内容作品的逻辑关系，也就是我们常说的"创意"，它是内容产品的核心价值所在
- 内容产品的集成系列，也就是围绕内容产品的核心价值所生产的一系列内容产品

上述三个维度满足的是爆品内容营销中不同阶段的需求。在内容输出的前期阶段，爆品企业要尽一切努力促进内容的被关注。这一阶段传播的目的是尽可能快速地获得消费者关注，达成粉丝的聚合。比如绞尽脑汁地出产一篇成功的搞笑段子，或精心打造一个成功的短视频等。

在内容输出的后期阶段，爆品企业则要建立粉丝对其的识别度和信任感。在这一阶段,需要以一系列长期、持续的内容为载体来实现爆品营销的目标。因此,在内容产品化设计的第三维度上就需要花费更多心思。

为了做到这一点,你必须要明确内容边界的范围(什么能写,什么不能写),并建立起内容的调性定位。这样做的重要性在于:一旦调性被成功树立起来,爆品就可以在粉丝心目中牢牢占据一个位置,并进而大大降低今后运营过程中重新建立用户认知的成本。

后记　未来爆品面临的挑战

现在，几乎每个企业都在做自己的爆品，以此来树立自己的形象、增大自己的利润。古往今来，能做到这一点的企业少之又少，做到每一款产品都是"爆品"更是难上加难。但iPhone的每一代产品都是爆品，而小米也认为自己的每一款小米手机都是爆品。

怎样才能证明一款产品是爆品呢？其实很简单，一切交给市场说话。这个有平等、开放、法制、竞争等特点的市场能够直接反映出一款产品是否为爆品。

在一定时间内销量高的产品，那必定是"爆品"；销量低的产品，那肯定就不是爆品。iPhone的销量有目共睹，小米的每个系列产品的销量也基本上都过了千万级别，因此可以说它们的产品是爆品。

每个企业至少都会有一个明星产品，即爆品。为什么几乎每个企业都在打造属于自己的爆品呢？这是由于爆品具备普通产品不具备的优势。爆品一般都是社会需求量非常大的产品，显然这对企业提高产品销量、获得更多利润是有直接影响的。

既然爆品的社会需求量大，那么用户的关注度肯定会更高，购买的人也就多。既然是爆品，其口碑肯定好，而好的口碑能扩大粉丝数量，能够进行口碑的扩展传播，形成"病毒营销"。病毒营销又能增加粉丝数量，增加粉丝数量又能提升销量和利润，最终形成一个良性的生态链。

虽然打造爆品对企业和品牌有诸多好处，但它也有其自身的不足，这也是爆品目前所面临的巨大挑战。

具体来说，以下三个方面将是爆品未来所面临的主要挑战：

第一，爆品火爆一时容易，火爆一世难

通常情况下，爆品的生命周期只有1~2年的时间。不过，也有只靠一款爆品一直火下去的企业。比如加多宝，就靠一款凉茶产品，每年能卖几十亿罐。但这毕竟是少数现象。

爆品都是企业花最大功夫精心打造的产品，但是爆品火爆一时容易，火爆一世难——新旧更替是历史的必然。维系爆品的生命周期，需要下更大的功夫、投入更大的资金以及更多的技术人员，这样还不一定能守得住它。

比如，三星Galaxy系列和Note系列一直以来都是三星重点打造的明星产品，可以说每一款都是爆品，但如今已风光不再。苹果爆品iPhone更新了几代，但在人们心中的魅力也开始逐渐下降。可见"打江山难，守江山更难"。而爆品也一样，打造爆品难，维持爆品长盛不衰更难。

中国互联网三大巨头之一腾讯公司旗下的QQ和微信就是其爆品。QQ出现到现在已有10多年的历史，微信也有六七岁了。之所以它们能成为爆品，是因为腾讯对它们下了不少功夫。QQ坐拥10亿左右的用户，每一段时间都会更新版本、完善功能等。微信也是如此。QQ和微信的使用人数每天都在不断地增加，其实这也是粉丝在增加。

第二，要不断满足用户更高的期望值

试想一下，一个学生的成绩由20分提升到60分容易，但是从90分提升到100分却是相当困难的。同样的道理，当一个产品发展到一个瓶颈期的时候，提升就会相当困难。用户对某款爆品的期望值一旦上去了，就很难下来。

这就表明，打造爆品的企业要不断提升产品特性、功能和服务，来满足用户日益挑剔的眼光，否则在用户眼中那就是倒退。

第三，爆品的新旧更替不容忽视

新旧更替是历史必然，产品也一样。爆品都有一定的生命周期，不可能长盛不衰。打造爆品不易，打造紧跟时代潮流的新爆品更是不易。"长江后浪推前浪，前浪死在沙滩上"，这是网络上一种戏谑的说法，但也能体现出新旧更替的大趋势。所以，企业在成功打造出爆品后，要想爆品能够持续长盛不衰，需要花更多的精力和时间在爆品更新上。

尽管爆品要面对诸多挑战，但挑战即机遇，有了挑战才会有发展。我们有理由相信，爆品将以自己强大的营销能力在未来的市场中夺得一份天地，打出一片江山。